学級づくりがうまくいく！

教師1年目からちょっとした習慣

山本正和 著

学陽書房

はじめに

今は戻らないから　大切なんじゃなくて
今を重ねて明日へ　つながって行くから

小田和正さんの歌「風を待って」の一節です。本書のテーマである「習慣」は、自分が望んでいる未来につながる、ほんのちょっとしたことを毎日、毎週行い、それを継続し重ねていくことで、ある日、その未来が実現できてしまう大きな力をもつものです。

「子どもたちと毎日を楽しく過ごしていきたい」——そうした思いを抱いて私は教師になりました。しかし、ほどなくしてその思いは儚く消えていってしまったのです。時間に追われるばかりの業務、次から次へと発生するトラブル対応、解決の難しいたくさんの問題などを抱えながら、その日その日をなんとか終えることだけに精一杯の毎日。いつしか、「学級崩壊しないように」「大きなトラブルがないように」とネガティブな考えにおびえながら教室に入っていく日々へと変わっていました。

しかし、そんな日々から抜け出し、子どもたちと過ごす毎日を心から楽しめるようになったのは、「習慣」の大切さに気づくことができたからです。

「自分が望んでいる未来を思い描く」→「それに必要なことを習慣化する」→「充実感を感じるようになる」→「教師として毎日を楽しめて幸せを感じる」→「子どもたちが学校で楽しく過ごせる」→「それを見た教師はより幸せを感じる」→「新しいことに挑戦するエネルギーになる」→「充実感」→「幸せ」→「子どたちも笑顔いっぱい」……。まさに好循環、素敵なループができあがっていきました。これをぜひ、教師生活をスタートしたばかりの先生方にも体感していただきたく、本書をしたためました。

新任時代、子どもたちに何かを伝えようとしても、どう話せばいいかまとまらず、話してはみたものの、すっかり頭が真っ白になっていた私が、ノートに自分の考えを書き出していく習慣を身につけたことで、子どもたちに笑顔で語りかけられるようになりました。大学時代にたこ焼き屋のアルバイトで、レジが遅くて長い行列ができてしまい、お客さんに怒鳴られていた私が、計画を立てたり、目の前の作業に集中できたりする習慣を身につけたことで、要領よく仕事をさばけるようになりました。逆上がりすらできないほど運動が苦手な私が、毎日運動する習慣を取り入れたことで、すっかり体力がつき、それなりに運動ができるようになりました。こうしたちょっとした習慣の積み重ねによって実現できたことは、じつはまだまだたくさんあるのですが、総じて確信をもって言えることは、今では日々の出来事一つ一つを楽しみ、幸せを感じやすい体質へと自分を大きく変えることができたということです。そして何よりも、子どもたちとつくりあげていく学校生活を心から楽しみ、学級づくりに自信がもてるようになりました。

教師生活をスタートされた先生方には、本書をきっかけにして、ちょっとした習慣のもつ力を味わっていただきながら、ご自身の学級づくりの原動力にしていただきたいと願ってやみません。ご自身が思い描き、心から望む未来に向けて、共にチャレンジしていきましょう。

Introduction
ちょっとした「習慣」で学級づくりはうまくいく

Chapter 1

起床から学校に向かうまでのちょっとした習慣

【朝活で最高のスタート！】

Chapter 2

【教師がリード!】学びの場がスッキリ整うちょっとした習慣

Chapter 3

【信頼アップ！】子どもたちとのかかわりが生まれるちょっとした習慣

Chapter 4

【教師の本丸！】

子どもの夢中を引き出す授業づくりのちょっとした習慣

Chapter 5

【つなぎ役に徹する！】

子どもと子どもをつなげるちょっとした習慣

Chapter 6

【リセット&チャージ！】

1日の疲れを翌日に持ち越さないちょっとした習慣

Chapter 7

【ポジティブアクション!】プライベートタイムが充実するちょっとした習慣

Introduction

ちょっとした
「習慣」で
学級づくりは
うまくいく

1 力のなさがとにかくつらかった若き日々

教師になって直面した挫折

教師になって十九年。四十歳を越える年齢になりました。逆上がりができるようになって大喜びしている子の満面の笑顔、学級の子どもたちがみんなで協力して成功させようとがんばっていた運動会、卒業前に教師の力を借りずに子どもたちだけで企画し成功させたイベントなど、さまざまな素敵なことがありました。

その一方で、つらかったこともたくさん思い出されます。教師になって何年か経った時期です。それなりに学級はうまく成り立たせられると自負していた頃です。そんな傲慢な自分だったからかもしれません。子どもたちの心が日に日に離れていき、一見、教師である私の話を聞いているようで、実際はぜんぜん聞いていない、完全アウェーな状態に陥りました。あの時の教室はとても居心地が悪く、毎朝学校に行くのがしんどくて、教師を辞めようとまで思っていました。

もがけばもがくほど空回りの日々が

隣の学級が学級崩壊した時も、非常につらい思いをしました。同僚として何一つ力になることができなかったからです。ただ見ているだけ。サポートしようにも何もできない。自分にもっと力があったら、何かできたであろう、隣の学級の子どもや先生の力になれたであろうと、もどかしい思いばかりがふくらみ、まったく仕事を楽しめずに、つらい毎日が続くばかり。自分が思い描く理想とはほど遠い状態でした。

とはいえ、そうした状況において、何もがんばらなかったのかというと、そういうわけではありませんでした。むしろ今よりもがんばり具合は格段に高かったと思います。睡眠時間を削って、夜遅くまでいろいろなことを考えました。心と体を奮い立たせて、出勤していました。なんとかしたいと勇気をふりしぼって、教師に対して反抗的な態度をとる子どもに話しかけたりもしていました。しかし、いくらがんばっても、どうにもならないことがあるということも、この時期、つくづく思い知らされました。

POINT

うまくいかなくて当然。それでも、未来は自分次第で変えられる！

2 なぜ、習慣が大切なのか？

Ⓟ すべては「習慣」の積み重ね

じつは、今手に入れている結果のすべては習慣の積み重ねに他なりません。部屋が散らかっているのは、その人がもっている部屋を散らかす習慣の結果であり、部屋がいつもきれいなのは、その人がもっているきれいを保つ習慣の結果なのです。

教師の仕事も同じです。温かくて子どもたちが生き生きしている素敵な学級をつくっている先生は、素敵な学級経営ができる習慣をもっています。学級経営がうまくいっていない先生は、学級経営がうまくいかなくなる習慣をもっています。子どもたちが学級で過ごすのは1年約200日。毎日のちょっとした習慣の差で、温かく前向きな学級になったり、人間関係が崩れて冷えきった学級になったりするのです。

学級経営も習慣の積み重ねのたまもの。例えば、締め切りにゆとりをもって書類を提出できるかギリギリになるかも習慣によるもの。すべて、習慣の結果で生み出されるものなのです。

17 うまくいってもいかなくても、がんばりはほぼ同じ

もしも、学級づくりがうまくいっていないことがあったら、それは自身の習慣を見直すサインだと受け止めましょう。「自分が思い描いている理想に近づくためには、どんな習慣が必要か？」「今やっていることで、理想から遠ざかってしまう習慣はどれなのか？」と自らに問いかけます。理想から遠ざかる習慣をやめ、近づける習慣に変えるだけで、結果は大きく変わります。そして、一度習慣としてしまえば、意志の力は必要なくなり、がんばり感なく理想に近づいていきます。さらに、習慣がもたらす結果のすごいところは、今難しいことでも、やがて簡単になるところです。例えば、腕立て伏せが１００回できる人は、はじめからできたわけではありません。最初は5回だってたいへんだったはずです。しかし、続けていく中で、ある時点で、「もう少しいけるかも……」となり、さらに10回、15回とチャレンジできるようになり、また、それが習慣になって「30回までチャレンジしよう」となる。その先には、１００回できるようなレベルが見えてくるのです。

POINT

「なんとかしたい！」と思うなら、日々の習慣を見直そう！

3 日常生活の中に、新たな習慣を取り入れる

習慣を大切にするからこそ良い結果が生じる

人は誰しもさまざまな習慣をもっているものです。食事や歯磨き、お風呂で体を洗う順番などの生活にかかわる基本的な事柄はもちろんのこと、学校に出勤したらまず取りかかることや教室に入って一番に行うことなども習慣によるものです。そうした日常的に無意識に行っていることが、まさに習慣です。

つまり、いきなり「特別なこと」に取り組まなくていいのです。誰だって、1日だけうまくやろうとすれば、なんとかできてしまうもの。しかし、学級担任は、1年約200日を学級で過ごすのです。その中に、入学式や卒業式、運動会、宿泊行事などの特別な日があるわけですが、その特別な日も、その時だけの教師のがんばりだけではなく、むしろ**常日頃からの習慣の積み重ね**によって成否が決まるといっても過言ではないのです。1日だけがんばったところで、素敵な学級は到底つくれるものではありません。毎日、どんなことを習慣にしているかが大切なのです。

角度を一度上向きにするイメージで習慣にする

一見、地味でささいなことであっても、いかにそれを毎日継続するかが大切です。まずは、日常生活の中に、取り入れてみたい習慣を一週間に一つだけ決めて、毎日取り組んでみましょう。欲張って一気にたくさんのことを始めようとすると、特別な1日となってしまって、なかなか継続できません。角度を一度だけ上昇させるイメージで、少しのことから取り組んでみましょう。それだけで、この先は大きく進化していきます。

取り入れる習慣の例は、本書を存分に参考にしてください。習慣にしていくためのコツは1―7（30ページ）で紹介しますが、あくまでも自分の理想、目的があってこその習慣づくりです。また、習慣はすべてなんらかの問題を解決するために行っていくものでもあります。まずは、理想・目的を明確にすることが、習慣形成には欠かせません。

POINT

平日・休日の自分自身の行動一つ一つに好奇心をもとう！

4 教師に必要な「7つの習慣」

習慣1 「小さな朝活」で絶好調をつくる

スタートを気持ちよく切れれば、1日の質はグッと高まります。「黄金の3日間」という言葉があるように、学級経営は年度始めの三日間が重要ですが、それと同様に、1日の質を高めるにはスタートがカギとなるのです。朝は1日の縮図です。起床してすぐの時間帯で最高のスタートが切れれば、1日勝ったような気分で過ごせるでしょう。また、朝から教師がエネルギッシュな状態でいることで、子どもたちも朝から元気でいられます。ぜひ、学校に向かうまでの時間に自分にとって価値あることを行いましょう。

習慣2 「学びの場」は教師のリードで整える

良い学級をつくりたいのであれば、まずは教室の空気を整えることです。ここでいう空気とは雰囲気のことですが、その空気をつくるのは、その場で一番影響力がある人、つまり教室では教師です。教師がリードして、教室中の空気をコントロールしていきましょう。

私は、学級をいつも温かく前向きな空気にしたいと思っていて、そのために教室が温かくなる言動を習慣化しています。毎日継続し、空気が安定してくれば、自ずと子どもたちだけでも温かい空気がつくれるようになります。

習慣3 子どもへのかかわりづくりで信頼関係を築く

「どんなことを言うかより、誰が言うかが重要」と言われることがあるように、いくら正しいことを言われても、その言っている人のことが嫌いだと、素直に聞き入れることができないものです。逆に、少し違うかなと思うようなことでも、その言っている人のことが好きだと、やってみようと思えることはままあります。子どもたちと良好な関係を築くための第一歩は、子どもたち一人一人に興味をもつことの習慣化からです。その興味からかかわりをもつことで信頼が芽生え、良好な関係は育まれていきます。

習慣4 「授業準備」にとことん力を尽くす

子どもがいない時間の学校業務の中で教師が一番時間をかけるべきは、授業準備だと私は考えます。それはもちろん、子どもが学校で過ごす時間は、ほぼ授業で占められているからに他なりません。しかし、そう頭で理解しながらも、つい後回しにしてしまうこともあるでしょう。授業準備ができていなければ、教師自身の余裕がなくなり、子どもたち一人一人を丁寧に見取ることができなくなってしまいます。授業準備ができた状態で授業本番を迎えられるような習慣がつけば、教師としての足場は固まります。「授業こそが教師の仕事の本丸」と心得て力を尽くし、授業で子どもを育んでいきましょう。

習慣5　子ども同士の「つなぎ役」に徹する

学校教育の最大の目的は、個々の成長を促すことです。それを達成するためには、教師と子どもの関係だけではなく、子ども同士の良好な関係も大切です。学級の仲間から、励ましの言葉をかけられれば、どんどんやる気になります。一方、がんばっているのに冷ややかな視線を向けられれば、誰もがんばろうとしなくなるでしょう。

学級は、教師が何も働きかけなければ、ただ同じ教室で学習する他人同士の集まりのままで三月を迎えることになってしまいます。個々はもちろんのこと、学級の全員が成長していくために、教師が意図的に子どもたちのつながりを強めたり、深めさせたりする工夫を習慣的に講じていきましょう。

習慣6　1日の疲れを翌日に持ち越さない

終わりは始まりです。朝にロケットスタートを切り、最高の1日にできるかどうかは、その前日の夕方以降の過ごし方にかかっているといっても過言ではありません。心も体も机の上もすべて1日の終わりにリセットして、次の日を最高の1日にしましょう。

習慣7　自分の時間でポジティブアクションを起こす

子どもたちに取り組んでほしいことは、教師自らが率先して行う必要があります。子どもたちは、教師の言葉以上に、その行動や考え方から影響を受けるからです。子どもたちに毎日を楽しみながら、主体的に学び、積極的に挑戦をしてほしいと願うのであるならば、教師自身が毎日を楽しみ、学び、新たな挑戦をすべきです。どんなささやかなことでも構いません。楽しみ、学び、挑戦する習慣をもちましょう。

POINT

一　たくさんやろうとせずに、一週間に一つを楽しみながら試してみよう！

5 習慣の日常化で心身が安定し、自信がつく

習慣化から生まれるポジティブなサイクル

習慣について見直し、自分の理想に近づける行動をルーティン化できるようになってもっとも良かったことは、穏やかな気持ちでいられる時間が増え、幸せを感じやすくなったことです。それだけではありません。自分の理想に近づく行動や新しい挑戦ができると、自分自身に自信がもてて、充実感が味わえます。すると自然と自己肯定感が高まり、心が安定してきます。ちょっとしたことでは動じなくなり、毎日機嫌よくいられることで、周りにも良い影響をあたえ、起きた出来事を多面的に捉えることができて、子どもを叱らずに共感しながら話をすることも難なくできるのです。また、良い状態を保つことで、周りからもポジティブな言葉をかけられて、さらに新しい挑戦への意欲が湧きます。

習慣化により、**理想に近づく↓自信アップ↓自己肯定感アップ↓機嫌よし↓周りもハッピー↓さらなる挑戦**と、自己の成長を促すサイクルはどんどん育まれていきます。

機嫌よく、なんでも楽しめる教師であれ

子どもは、楽しそうな人に近づいていきます。また、子どもはルールに従うのではなく、ムードに従います。つまり、楽しそうにしている教師の話に自ずと耳を傾けるのです。

子どもたちと学校で過ごす中でもっとも大切なのが、心（感情）です。ひすいこたろう氏・大嶋啓介氏の『前祝いの法則』（フォレスト出版）にも、**「心」×「行動」＝「未来」**と書かれているように、どんなに素晴らしい実践も、それをどのような心（感情）で行うかで、プラスにもマイナスにも作用するのです。

感情面を変えることは、習慣を変えずとも可能ではありますが、それは一時的なものになりやすいという側面があります。習慣の日常化は、基本、行動を変えることですが、その過程では、考え方や感情も変えることができるのです。自分がたくさん感じたいと思う心（感情）を研ぎ澄ませていくことも、習慣を変えることで実現できるのです。

POINT

朝一番に、「今日1日起きる出来事を楽しもう」とイメージしてみよう！

6 習慣の日常化で自分の力を最大に

「最高の自分」を継続できる時間が増える

自分が思い描く理想的な習慣が身につくと、前述の通り心が安定してきます。心が安定して機嫌よく過ごせる時間が増えると、身体も自ずと整い、高いパフォーマンスを発揮できるようになります。そして、高いパフォーマンスが発揮できる時間が長くなればなるほど、その力は定着し、自分自身をレベルアップさせることができます。

例えば、もっている能力を10とした時、パフォーマンスが気分によって左右されてしまい、1の日もあれば10の日もある人と、もっている力は5であっても、常時安定して4〜5発揮できる人とでは、どちらが信頼されるでしょうか。平均すれば同じくらいですが、やはり**周りから信頼されるのは、いつも安定して力を発揮できる人**なのです。また、安定して高いパフォーマンスを発揮できる状態を続けられる人は、チャレンジも継続して行えるため、今後の伸びしろも大きくなります。

習慣には無限の可能性を解き放つ力がある

読者の先生方にも、「こういうことを実現したいな」と心に秘めていることが必ずあるはずです。それを思い始めた時には、まだどうしたら実現できるのかがわからなくても、習慣の積み重ねによって、そのための力は必ず備わっていきます。

例えば、私は教師として特に研究会などに属していない、ごく普通の学級担任ではありますが、「毎日少しずつ原稿を書く」ということを習慣化してきたことによって、教育に役立つ本を出版したいという思いを実現させることができました。つまり、日々の習慣の積み重ねによって、その時の自分の想像を超えたことが実現できるのです。「人は1年でできることを過大評価しすぎる。そして10年でできることを過小評価しすぎる」と世界ナンバーワンコーチと賞されるアンソニー・ロビンズは言いますが、まさにその通り。習慣をパワーにして、自分のもっている力を最大限発揮し、理想の先生になってしまいましょう。

POINT

習慣の積み重ねを最強の味方にして、自分の中に眠っている力を解き放とう!

7 新しい習慣をつくるコツ

目的やなりたい姿を明確にする

習慣化において、「なぜ、その行動を習慣にしたいのか」という目的を明確にすることが、もっとも大切です。明確な目的がなければ、続けられないからです。ということで、まずは自分が思い描く「なりたい姿」を明確にするために、紙やパソコンなどに「自分は、これからどうなりたいのか」を書き出してみましょう。それは具体的でも抽象的でも、大きなことでも身近なことでも構いません。

書き出したら、次に、平日・休日の行動を30分ごとにリストアップしていきます。こちらはできるだけ具体的に書きましょう。習慣とは無意識に行っていることです。リストアップすることで、自分がどんな習慣をもっているかを意識できるようになります。

自分がもっている習慣を意識できたら、少しずつ、なりたい姿から遠ざかる習慣を、なりたい姿に近づく習慣に変えていきます。

行動を分解する

身につけたい習慣があったら、いきなりそのすべてを行うのではなく、その入り口となる行動だけを行うことから始めるようにします。コツは、簡単すぎて失敗できないくらいのレベルに行動を分解すること。2秒で取りかかれて、2分で完了するようなイメージです。

例えば、腕立て伏せなら、まず1回、いや、着替えるだけでもいいでしょう。簡単さは人によって異なりますので、まずは自分で身につけたい習慣の始めの2分でできる行動に分解します。やってみてできるなら、最後まで完了させてもいいですが、無理せず2分で終わりでいいのです。毎日続けて、少しでも望む方向に進めばオッケー。**何もしない0分と、簡単でも取り組んだ2分は大きな差**です。この時、くれぐれも始める前に、やる気と相談しないでください。やる気は後からついてきます。

意志ではなく環境の力で習慣をつくる

暗い部屋に入ったら、電気をつける。これも習慣です。ある状況において、自分の欲望を満たすために必ずとる反応が習慣です。ですから、決して意志の力で習慣をつくろうとしてはいけません。その習慣を導き出すための環境やシステムを整えるのです。一番簡単な環境づくりは、行動の引き金となるものを見えるようにすること。逆に、やめたい行動なら、その引き金となるものを見えないようにするのです。

例えば、毎日子どもの記録をパソコンで入力する習慣を身につけたいと思うならば、パソコンを開いたら自動的にワードが開くように設定します。スマホを見る時間を減らしたいと思うならば、スマホをカバンの奥に入れたり、アプリを消したりします。

がんばろうとしたところで、習慣にはなりません。その行動に合った環境をつくることで、習慣化します。

習慣化カレンダーで継続力を引き出す

横軸に日にち、縦軸に身につけたい習慣を書いたカレンダーを作りましょう。取り組んだ日にはそのカレンダーに、〇をつけるようにしていきます。

しばらく〇が続くと、連続してつけたくなってくるものです。こうした効果の力を借りるのも、習慣化への秘訣です。一か月ごとにカレンダーを作り、その月に習慣にしたいことを記録します。

人の力を借りる

近くに一緒に始められそうな人がいたら、ぜひ共に取り組んでください。「あの人も」という意識は何よりも大きな力になります。「やったよ」などという報告だけでもモチベーションを保つには十分効果的です。

もしも、一緒に取り組んでくれそうな人がいなければ、ＳＮＳで発信するのもおすすめです。それもなんだかなぁと思ったら、ぜひ私を思い出してください。毎日楽しみながら習慣化に取り組んでいる私の存在が、少しでも励みになれば嬉しいです。

いつもの習慣＋必要な習慣

必要な習慣を身につけるには、すでに定着しているいつもの習慣とセットにするのが一番の近道です。子どもたちが下校したら、教室をぐるっと見渡して、１日の出来事をノートに書き込んだり、歯磨きをしたら、すぐに本を手に取って読書をしたりするなどです。

いつもの習慣が引き金となって、新しい習慣に取り組みやすくなります。

必要な習慣＋好きな習慣

必要な習慣の後に、好きな習慣をつなげてしまうと、必要な習慣ですら楽しく感じられるようになります。朝に今日やることを書き出したら、大好きなコーヒーを飲む。土日に教材研究をしたら、前から行ってみたかったカフェでランチをするなどです。するとと、身につけるべき必要な習慣ですら楽しく取り組めるようになります。

POINT

環境やシステムを整えるだけで習慣は身につく！

Chapter 1

朝活で最高のスタート！

起床から
学校に向かうまでの
ちょっとした習慣

1 いつもより1時間早く起きてみる

朝の静かな時間を自分だけのものに

1日の質は、スタートの切り方で格段に変わります。起床時間を今までより1時間早くしてみましょう。そして、その1時間で、自分の未来が少しでも良くなるようなポジティブな活動に取り組んでみましょう。例えば、私の場合は、「トレーニング」「マインドフルネス瞑想」「ノートに自分の感じていることを書く」「読書」です。

じつは私、以前は、朝はギリギリまで寝ていました。前述したトレーニングや読書は、仕事から帰ってきてからやろうと思っていたのです。しかし、帰宅後ではなかなか取り組めないのが現実でした。というのも、意志の力には限界があるからです。意志の力は朝が一番高い状態で、その後消耗され、夜にはほとんど残っていません。**自分の成長や未来に必要なことほど、朝一番に取り組む**ことをおすすめします。

Action

1時間早く起きて自分の時間をとり、朝から充実感に満ちた状態で1日を過ごす！

- ☑ 自分だけの静かな時間にする。
- ☑ 前の日から、何をやるかを決めて準備しておく。
- ☑ 朝を制する者は、人生を制すると心得る。

朝の1時間を充実させることで

朝の1時間は、1日の質、ひいては自分自身の人生を良くするための最初のステップです。たとえるなら、ボーリングでいうセンターピンのようなもの。**朝の1時間を上手に使えるようになると、大きく内面が変化**していきます。朝から充実感を感じ、エネルギーや集中力の高い状態で1日を過ごせるようになります。教師がそうした状態であれば、間違いなく子どもたちにも良い影響をあたえられます。

以前の私は、朝の機嫌が非常に悪く、子どもたちから、「山本先生は、朝は機嫌が悪いから、朝はとにかく気をつけろ！」と陰で言われていたほどです。しかし、この朝の1時間を習慣としてからは、「先生は朝から明るくて、話しかけやすい！」と言われるようになりました。また、朝は夜の10倍くらいの速さで仕事が進むので、スキルアップはもちろんのこと、確実に時短が可能となります。

POINT

スヌーズを使わない一発起床で、即行動の脳の回路も強化しよう！

2 起きた瞬間の言葉を換える

朝一番からポジティブ言葉

朝起きた瞬間の言葉は、とても大切です。朝は1日の始まりです。朝という字を分解すると、十月十日。これは赤ちゃんがお母さんのお腹の中にいる期間、つまり赤ちゃんがお腹の中から生まれてくるのと同じくらい朝は大切なものなのだと、大昔にこの漢字を作った人も思っていたという話があります。

その大切な1日の始まりに、「あ～眠い。仕事行きたくないよ～」と言っている人と、「よし、朝になった。今日も最高の1日が始まりました。ありがとうございます！」と言っている人とでは、どちらがその1日を充実させられるかは言うまでもないでしょう。とはいえ、正直、私ももっと寝ていたいと思う気持ちもあります。しかし、不思議なことに**ポジティブな言葉を発することで、感情も変化**していきます。自分にかける言葉で、思考を変えていきましょう。

今日も最高の1日が
始まってくれて
ありがとうございます!

Action

「今日も最高の１日が始まってくれて、ありがとうございます！」と、起きた瞬間、自分に言う。

- 最初は、思っていなくてもいいから、とにかく言うようにする。
- 自分に問いかける言葉で無意識が変化する。
- 表情や動きもつけて、最高な１日が始まった感じに盛り上げるとなおいい。

15 自分の頭の中で、どんな言葉を自分にかけているのか

ワクワクすること、幸せに感じること、感謝していることを言葉に出すことで、その日1日がキラキラ輝いてハッピーに、感謝にも積極的に目が向きます。すると、機嫌よく気持ちよく過ごせる可能性も高まります。

子どもたちと接する中でもっとも大切なことは、**教師自身の精神状態がいつも穏やかで、元気でいること**だと思っています。そして、その状態は誰かに整えてもらうものではなく、自分自身で整えるものです。そのためにも、安定した状態をキープできる仕組みをつくっておく必要があるのです。その仕組みの一つが、この自分自身への言葉かけの習慣です。

もちろん、朝に限らず、自分自身にかける言葉は大切です。少しでも多く自分自身にプラスの言葉をかけて、起きる出来事をポジティブに捉えたいものです。私は、自分のことをハッピークラスクリエイターと思って過ごしています。そういう教師でありたいからです。

POINT

朝以外にも自分にプラスの言葉をかけて、起きる出来事を楽しめる目をもとう！

3 短時間でも運動をする

起床後、給水＆運動をする

短時間で構わないので、朝起きて、水を飲んだ後に運動をしてみましょう。朝に運動をすることによって、清々しい気持ちになることはもちろん、やり終わった後に驚くほど元気になっていることが実感できます。だまされたと思って、一度体感してみてください。

エネルギーがみるみる高まります。専門的には、朝に汗をかくことでBDNFというたんぱく質の一種が分泌され、ストレスホルモンを除去してくれると言われています。また、朝に運動をすることで、その日1日の代謝を高め、ダイエット効果もあります。さらに、外で散歩またはジョギングをして、朝日を浴びると、セロトニンという幸せホルモンも分泌されると言われていて、より一層気持ちがよくなります。

実践前は、朝に運動をすると疲れ果ててしまい仕事どころではなくなると思い込んでいましたが、やってみると、まさに目からウロコ、**朝から脳が冴えて、考える系の仕事が一気に進む**ようになりました。

Action

朝にパッと着替えてジョギングをすると、運動後には気持ちよさを感じることができる。

- ☑起床後は水分不足になっているため、運動前には水を１杯飲む。
- ☑前の日に、スポーツウェアを準備しておくと、スムーズに取り組める可能性が高くなる。
- ☑はじめは無理をせず、腕立て伏せ１回からでもいい。

今の自分に合った運動を

現在、私は、有酸素運動を中心に行う日と、筋トレ中心に行う日を交互に設定して取り組むようにしています。有酸素運動の日は、20分ジョギングをしたり、スピンバイクをこいだりしています。筋トレの日は、「スクワット↓腕立て伏せ↓腹筋↓背筋」といったメニューを3セット行っています。メニューはその時の自分の状態に合わせて、少しずつ変えています。いずれにしても、軽く汗をかくような運動にします。

はじめのうちは、腕立て伏せを1回するだけでもいいです。1回でしんどかったら、それで終わり。まだいけそうなら、もう少しやってみる。そんな感じで、**少しずつ自分に無理せずに負荷を高めていく**と始めやすいです。また、**少しずつ変化を加えてみることで継続しやすくなります**。そして、運動が終わったら、大げさなくらいに「気持ちいい！」と声に出しながら爽快な気分を味わいましょう。

POINT

限界だと思ってから、もう3回だけやってみると、ねばり強さがアップする！

4 深い呼吸を意識的に行う〈瞑想〉

🏳 頭の中を空っぽにする時間

日々、情報があふれかえる現代社会。江戸時代の人たちが一生をかけて得られる情報が、令和の世の中では、1日で手に入ると言われるほどです。それは、とても便利である反面、情報過多で脳や心が疲れやすかったり、集中を阻害したりするなどの弊害も生み出しています。また、情報の中には、ポジティブなものばかりではなく、ネガティブなものもたくさんあります。

そこで効果的なのが、瞑想です。**ネガティブな情報から自分を守り、やりたいことや目の前のことに集中する力を身につけるトレーニング**として最適です。また、深い呼吸による瞑想を続けていると、直面した状況と自分の反応との間に「隙間」をつくることができるようになります。

起きた状況にすぐ反応して、そのイライラなどを子どもたちにぶつけそうになっても、**「隙間」によって冷静に言葉をかけられる**ようになるのです。

Action

瞑想により頭の中がスッキリして、目の前のことに集中できる。

- 「4・7・8呼吸法」で数字を数えることに集中する。
- 余計なことが頭に浮かんだら、「それは今は置いておいて」と頭の中でつぶやく。
- 余計なことがたくさん浮かぶ人ほど、集中への良い練習となる。

瞑想法は自分に合ったものを

瞑想やマインドフルネスは、世界的に有名な企業でも取り組まれています。その方法にはさまざまなものがありますので、自分に合ったものを選び、繰り返し行ってみてください。私は目を軽く閉じ、背筋を伸ばし、力を抜いて座ってから、「4拍で吸う↓7拍息を吸ったまま止める↓8拍で息を吐ききる」という統合医療の専門家、アリゾナ大のアンドルー・ワイル教授考案の「4・7・8呼吸法」を行い、数字を数えることだけに集中するようにしています。頭の中に雑念が浮かんだら、「それは今は置いておいて」と頭の中でつぶやき、再び数字を数えることに戻るという繰り返しで、5分を目安に行っています。

また、朝の会で子どもたちとも一緒に取り組んでいます。その場合、まずは1分からスタートし、少しずつ時間を延ばしていくのがおすすめ。**瞑想を終えたら、「どう感じたか」をそれぞれ伝え合う**ようにして、学級で瞑想後の穏やかな気持ちを共有しています。

POINT

毎日続けることによって自分の「その日の状態」がパッとつかめるようになる！

5 気持ちをノートに書く〈ジャーナル〉

とにかくノートを開いて書くと決める

まずは、なんのフォーマットもなしで、頭に浮かんだことをノートに書いてみましょう。書き出すことで、頭がスッキリします。言わずもがな、不安や悩みは、誰にでもあるものです。しかし、その不安や悩みは、実際に自分が何に不安を感じ、悩んでいるのかが認識できていないことで、どんどん大きくなってしまうのです。

また、やることが山積みで何から手をつけていいのかわからない時も、ノートに書き出してみましょう。じつはやるべきことは意外と少ないことに気づくことができたり、優先順位が見えてきたりします。とにかくリストにしてみることです。

毎日書いていくことで、思考がクリアになっていきます。自分がどんな学級をつくりたいのか、どんな授業をしたいのか、そもそも人生でどんなことを達成したいのか、自分の理想とする姿が日に日にはっきりとつかめるようになるのです。

Action

書き出すことで、頭の中を見える化する。何を大切にしたいのかがはっきりする。

- ☑まずは、頭の中にあるものを書き出してみる。
- ☑自分のなりたい姿や目標を 10 個書いてみる。
- ☑そのために今日どんなことをするのかを 5 個書く。

朝に目標とつながる

頭の中にあるものをすっかり書き出したら、自分のビジョンやゴールについても書いていきます。その際、10個は書きましょう。ささいなことでもいいですし、大きな夢でも構いません。とにかく10個は書きます。10個も書く理由は、前半に思い浮かぶことよりも、後半のもののほうが、自分でも気づかなかった本質が出てくることがあるからです。

こうして、**朝の段階でビジョンやゴールとつながることで、そこに向かっていく具体的な行動を起こしやすくなります**。逆に、ビジョンやゴールとつながっていないと、周りの状況に反応するだけになり、ビジョンやゴールがただの空想となってしまいます。

せっかくビジョンやゴールを思い描いたのであれば、実際にそれに近づいていく人生にしたいものです。私は毎朝、理想の教師像、理想の学級像をイメージするようにしています。それによって、その日その時に取り組むことが明確になります。

POINT

「〜〜になりたい」ではなく、「私は〜〜になる」と言い切り型で書こう!

6 インプットする

朝の静かな時間に「未来のため」の知識を蓄える

朝の読書では、夜よりも速く読み進めることができます。それは、脳が疲れていないからです。また、朝に読書をすると、その日すぐに内容を子どもたちに話せたり、実践したりできるため、得た知識が自分の蓄えになりやすいです。そして、そういった知識がたくさん蓄えられていることにより、さまざまなアイデアを生み出すことができるのです。

教室では、子どもたちとのやりとりをはじめ、とっさの対応を求められる場面がたくさんあります。むしろ、そのとっさの対応によって学校生活が営まれているといってもいいでしょう。その際の言葉や行動で、子どもたちからの信頼が得られるかどうかが決まると言っても過言ではないのです。**読書をはじめさまざまな媒体から得た知識で多様な見方・考え方ができる**ようになれば、多くの子どもたちに対応できるようになります。また、問題が起きても、いろいろな方法で解決に向けたアプローチができるようになります。

Action

朝から情報を取り入れて、新しい自分を手に入れていく。

- まずは、とにかく読書から。
- 音声アプリや動画からでも情報は手に入れられる。
- 朝からエネルギーの上がる内容のものなら、さらに気分も高められる。

⑰ インプットの質を高めるために

自分ができるようになりたいという**「課題」をあらかじめ決めてからインプットを始めると**、より高い効果が得られます。自分で問いを立てて、自分でその答えを探しながらインプットをするのです。こういった主体的なインプットをすることで、定着の質が高まり、知識を確実に自分のものにすることができるようになるのです。

また、読書だけではなく、YouTubeなどの動画配信や、Voicy、オーディオブックなどの音声アプリでも学習ができます。音声からなら車で通勤する時にも学習ができます。朝から自分が目指すゴールへの学びができると、その日1日のエネルギーにもなります。

私は、自分が「そうなりたい！」と思う人のセミナー動画を見ることで、朝のエネルギー補給をしています。そして、そのエネルギーや刺激にあふれた状態で出勤し、スタートにさらに勢いをつけています。

POINT

インプット前に、自分はこの時間でなんの知識・答えを得たいかを決めておこう！

7 アウトプットする

アウトプットの意識化で気づきの多い1日に

朝にアウトプットを行うことで、インプットしたことやそれによる気づきが格段にパワーアップします。私の場合、「本を出版すること」が自分のやりたいことの一つであったため、とにかくパソコンで文章を書くことを朝のアウトプット活動として行いました。もちろん学級通信やブログ執筆、教材研究のノート作業などもおすすめです。

これを毎朝継続させていくことで、日々の生活の中から書きたいことがどんどん見つけられるようになります。はじめは不思議な感覚でしたが、思考がクリアになり、非常に気持ちのいいものです。また、**今の気づきと過去の情報が結びつく**こともあります。突然書きたいことがひらめくため、スマホやメモ帳にメモすることが増えました。

アウトプットは、最大のインプットであるとも言えます。そして、**気づきこそが、行動に変革を起こすきっかけになる**のです。

Action

さまざまな原稿、ブログ、学級通信などを書くことで、アウトプットを行う。

- ☑何も書けない日があっても大丈夫。毎日続けることで気づきが増えてくる。
- ☑書くことに集中し、内容の善し悪しはジャッジしない。
- ☑アウトプットすると決めていることで、インプットの質が高まる。

言葉にすることで

「考える」という行為は、書くことによってはじめて実現されていくものです。単に頭の中だけで考えていても、なかなか思考は深まりません。頭の中で考えているとは、ただ思い浮かべているだけなのです。とはいえ、はじめのうちは、いざ書いてみようとしても、うまく言語化できずに苦しむことがあります。それは仕方のないことです。今まで使っていなかった脳の機能ですので、すぐにエンジン全開で動くようにはなりません。

まずは、**毎日アウトプットの時間を確保することで、少しずつ脳のアウトプット活動に必要なネットワークがつながっていく**ので大丈夫です。また、書いたものが実際に誰かに読んでもらえることにつながれば、さらに楽しくなり、弾みもつきます。

私は、毎朝8年間ほど学級通信を書いていました（今は学校事情により出すことができないのですが）。学級通信は子どもたちや保護者の方々を思って取り組んだものですが、自分自身がそれによって大きく成長できました。

POINT

考えを言語化できるようになるだけで、別次元へとステップアップ！

Chapter 2

教師がリード！

学びの場がスッキリ整うちょっとした習慣

1 子どもたちの登校前に窓を開ける

教室に入った瞬間に爽やかな空気を

私は、自分が小学生の頃、学校が嫌いでした。1年生の時には不登校になったこともあります。いつもコンクリート造りで閉塞感のある校舎を見ると、帰りたいという気持ちになっていました（さすがに職場となった現在は大丈夫ですが）。そうした子ども時代の経験もあって、**学校に来た子どもたちには少しでも心地のいいスタートを切ってもらいたい**という思いがあります。そのためにできることとして実践しているのが、子どもたちが登校する前に教室や廊下の窓を開け放ち、電気をつけることです。

空気が淀み、電気もついていない薄暗い教室に入ってくるよりも、朝の新鮮な空気でいっぱいの明るく爽やかな教室に入ってきたほうが、子どもたちは1日を心地よくスタートできるはずです。そんな思いで、いつもワクワクしながら、教室の電気をつけ、窓を開けています。

Action

教室に新鮮な空気を取り込み、子どもたちが心地よく学校での１日をスタートできるようにする。

- 無理をせず、楽しみながら取り組む。
- 朝がどんなに慌ただしくても、教室の空気を感じ取る余裕をもつ。
- 誰にも気づかれないことだからこそ、やる価値がある。

Ⓟ 窓を開ける目的を忘れずに

窓を毎朝開けていったところで、もちろん劇的に学級が良くなるということはありません。また、誰かが見ていてくれるわけではないので、当然ほめられることもありません。しかし、こういった**一見地味なことの積み重ねが、良い学級をつくり、子どもたちの力を引き出すことにつながる**のだと思います。

この取り組みは、学級をつくっていく教師の私自身が、朝の新鮮な空気を教室に入れることを大切にしたいと思い、自分で決めて毎日やり続けています。この実践を読まれて、ぜひやってみたいと思う先生がいらっしゃったらたいへん嬉しいですが、あくまでも自分でやると決めたことを忘れないでください。そうでなければ、「やってあげているのに、なんで?」などと独りよがりな勘違いが起こり、逆にイライラの原因になってしまうこともあるのです。そうなるのなら、やらないほうがいいです。当初の目的を忘れずに、教師も子どもたちも気持ちよく学校生活をスタートするために取り組んでいきましょう。

POINT

一見地味なことを毎日続けることにこそ価値がある!

2 ウェルカムメッセージを教室の入り口に置く

「カフェの入り口」を目指して

教室の入り口に、ブラックボードを設置するようにしています。そしてそこに、子どもたちに伝えたいショートメッセージを書いています。自分自身がこういう学級にしたいという理想や、「昨日、学級にこんな素敵な人がいたよ」という紹介、本などからの名言、学級の今の課題などを書いています。時には、「今日の金曜ロードショー、楽しみだね！」などと他愛のないことでも子どもたちと共有できそうな話題を書くこともあります。また、ボードの下には、毎回クイズを書いておくことで、全員が注目をするように工夫しています。ちなみに、クイズは『マジカル頭脳パワー!!〈頭脳爆発編1〉』（日本テレビ放送網株式会社、日本テレビ）など、昔のクイズ番組本を参考にするのもおすすめです。

一番の注目記事は、「○○さん、昨日は給食がこぼれた時に手伝ってくれてありがとう！」や「○○くん、元気なあいさつ最高！」というように、学級の素敵な人の紹介です。

Action

教室に入るだけで楽しさを感じるような、子どもたちの笑顔がこぼれるような場所をつくる。

- ☑おしゃれなカフェの入り口をじっくり観察し、スタイルや工夫の仕方を取り入れてみる。
- ☑１人１人の子どもたちの良さを学級で共有する。
- ☑学級みんなの共通の話題を提供する。

🏳 子どもたちにも書いてもらおう

しばらく続けていると、子どもたちの中から、「自分も書いてみたい！」という声が聞こえるようになります。そうした声が聞こえたら、迷わず、早速、挑戦してもらいましょう。

私の学級では、書きたいと立候補した人に順番に書いてもらうようにしています。最初は、下段のクイズの部分を子どもたちに担当してもらうのですが、そうすると、いろいろなところから自分でクイズを探してきます。さらに慣れてきたら、上段のメッセージの部分を任せます。学級の人たちがこのボードを見て、**元気ややる気があふれてくるようなメッセージ**を書くように伝えます。すると、どうしたらみんなが熱中するようなクイズになるか、どういうメッセージだとみんなを元気にできるのかを一生懸命考えて書くようになります。なかには、素敵な名言を見つけてくることもあり、驚くほど上手に書ける子もいて、教師の私自身も見るのが楽しみになります。

POINT

子どもたちにも、どうしたら言葉で人を元気にできるかを考えさせる機会にしよう！

3 あいさつで子どもに寄り添う

あいさつをしながら、顔を見る

朝、私は教室で子どもたちを迎えています。そして、**子どもたち一人一人の顔を見ながらあいさつ**をしています。

すると、いつもと違う子どもの様子にすぐに気づけるようになるのです。気づけば、声がかけられます。声をかけられた子どもたちは、どの子も素敵な笑顔を見せてくれるので、私もさらに笑顔になれます。例えば、髪を切ったといった時に、気づいて声をかけてもらうのも嬉しいものです（とはいえ、私自身、なかなか気づけません……）。

また、家で兄弟姉妹とのケンカがあったり、登校中にトラブルがあったりした時も、朝に話を聞いてもらえるだけで安心する子もいます。昨日あった楽しいことを真っ先に話にきてくれる子もいます。すると、その子と楽しい思い出を共有することができ、より関係が深くなります。

Action

子どもたちの変化に早く気づき、声をかけられる。
トラブルも早期発見でき、解決しやすい。

- ☑あいさつをしながら顔を見て、その日の状態に気づく。
- ☑トラブル、ケンカなどの早期発見で、プチ教育相談ができることも。
- ☑楽しい思い出を共有して、深い信頼関係に。

⑰ プラスの働きかけを積極的に

子どもたちにあいさつをする時、名前と共に一言を付け加えると、一人一人とより深いコミュニケーションがとれるようになります。教師に話したがる子は、こちらから話さなくても、いろいろな話をしにきてくれますが、あまり話にこない子もいます。そういう子には、特に一言をかけることを意識的に行いましょう。「今日は、荷物が多くて重たかったね！」「その服、かっこいい！」「昨日の夜は何を食べた？」「最近おすすめのYouTuberは？」などと、楽しい内容やプラスの言葉であれば、その一言はなんでも構いません。

毎日接していく中で、とっさの場合にも、その子に合った一言がかけられるようになります。1日の中で、あいさつに限らず、明るく声をかけたり、温かい視線を送ったり、肩に手を当てたりと、プラスの働きかけをたくさん行っていきましょう。

POINT

プラスの働きかけを1日1000回目指して取り組もう！

4 朝は教室で笑顔で迎え、宿題チェック

朝の宿題チェックは良いことずくめ

朝、登校して荷物をロッカーや机にしまった子どもから、宿題を教師のところに持ってきてもらいましょう。そして、その場でチェックして返してしまうのがおすすめです。もしも間違いがあれば、すぐにやり直しをさせられますし、朝のうちに、やっていない子を把握することができます。把握できれば、いつまでにやるのかを本人に確認することもできます。

基本的に、丸付けは子どもたち自身でやるようにさせるので、チェック自体にそれほど長い時間はかかりません。宿題をチェックしながら、雑談をすればいいわけです。すると、自然に、学級の子どもたち全員と朝のうちに会話をすることができ、なおかつ休み時間に宿題チェックをしなくていいという、まさに一石二鳥の習慣なのです。

前項で紹介した「あいさつで子どもに寄り添う」こととも相性が良く、配達をする手間も省けます。朝、教室に行く状況をつくれる場合は、ぜひ、試してみてください。

Action

朝のうちに、１人１人と会話ができ、宿題の点検が終わり、休み時間が自由にもなる。

- ☑朝来た子から宿題を持ってきてもらうと、ちょうどいい時間差ができる。
- ☑本人に直接宿題のフィードバックを伝えられる。
- ☑宿題チェックをしながら、子どもたちとコミュニケーションをとることができる。

大切なことは宿題チェックではない

もちろん、宿題をチェックするために、教室で子どもを迎えるわけではありません。目的は、**子どもたちが少しでも学校生活を気持ちよく過ごせるようにサポートする**ことです。宿題をやっているかをチェックし、やっていない人を取り締まることが目的になってしまうと、かえって学級の雰囲気は悪くなります。このことを忘れないように意識して行いましょう。

この習慣における一番のキーワードは、笑顔です。朝から教師が子どもたちに笑顔を送る。教師の笑顔を見た子どもたちが、安心した気持ちになる。そして、子どもたちも笑顔になる。子どもたちの笑顔で教師もより笑顔になる。このサイクルを朝の早い段階からつくりたいのです。笑顔になると、セロトニンと呼ばれる幸せホルモンが出ると言われています。温かくハッピーな雰囲気の教室をつくりあげる方法の一つです。

POINT

みんなが笑顔になるサイクルを意図的につくり出そう！

5 教室をスッキリ、いつも清潔にする

毎日5分の掃除タイム

見えているものが、人の思考をつくり出します。つまり、教室がごちゃごちゃしていたり汚かったりすると、子どもたちの思考もごちゃごちゃしてしまうのです。授業に集中できませんし、落ち着きがなくなります。**温かくて落ち着いて学習ができる学級をつくりたいなら、教室環境を整えることが欠かせません**。そのためには、どんなに忙しくても、朝または子どもの下校後に、5分ほど掃除をしましょう。

とはいえ、じつは私自身、掃除や整理整頓が大の苦手です。以前は雑巾を使っていましたが、続きませんでした。雑巾だと水で濡らしたり洗ったりと、掃除前後の手間が多いからです。その手間をなくしてくれたのが、一〇〇円ショップなどでも販売されている掃除用ウエットシートです。サッと拭けて、そのまま捨てられるので、難なく毎日掃除ができています。

とりたい行動をすぐに実現させるためにも、自分に合った仕組みづくりが大切です。

Action

毎日の整理整頓で教室を整え、子どもたちが落ち着いて過ごし、集中できる環境をつくる。

- ☑毎日５分ほど掃除をする時間をとる。
- ☑掃除を手間なく楽しめるような自分に合った仕組みをつくる。
- ☑物の置き場所を決めて、５秒で戻せるようにする。

17 物を減らす

教室をスッキリさせるためには、掃除だけではありません。整理整頓も必要です。そのためには、とにかく物を減らすことです。物を減らすには、「自分は、何を大切にしたいのか」を事前に明確にしておくと取り組みやすいです（48ページ参照）。そして、その考えをもとに必要な物だけを残して、あとは捨てるのです。そうはいっても、私自身、なかなか物が捨てられません。「いつか使うは、ほぼ必要がないもの」と言いながら、断腸の思いで少しずつ捨てています。

物を捨てていくことを通して、決断力を鍛えることもできるそうです。時間もスペースも限りがあります。本当に大切な物、本当に大切なことに、たっぷり愛情を注げるように物を減らしましょう。そして、大切なことを大切にできる人生を、1日の中で一番長く過ごす教室で体現しましょう。

POINT

スッキリした後には、自分や子どもたちの「好き」を教室に散りばめよう！

6 掃除指導を丁寧に行う

どんな未来が待っているのかを知らせる

掃除や整理整頓を教師だけで行うのには、限界があります。子どもたちを巻き込んで、一緒にきれいな教室にしていきましょう。

子どもたちが掃除に真剣に取り組めるようにするために最初にやることは、**掃除をする意義に気づいてもらう**ことです。掃除をすることで、学習に集中しやすい環境がつくられること、自分自身の心を磨けることなどを、端的に、楽しそうに繰り返し伝えていきます。

例えば、教師「掃除すると」→子ども「集中しやすくなる」、教師「掃除で」→子ども「心を磨く」というように合言葉にしてしまうのもおすすめです。

また、朝、子どもが来る前に、ゴミを教室の床に散らかしておいて、どう感じたかを発表し合い、5分間、掃除をしてきれいな状態にしてから、再びどう感じるかを発表し合うという体験を通して、掃除をする意義に気づかせることも効果的です。

Action

学級のみんなで教室環境を整え、自分の場所は自分で整えることを当たり前にする。

- 掃除をするとどんな未来が待っているか、子どもたちが楽しく意義に気づけるようにする。
- 掃除の前に、作戦タイムを設ける。
- 掃除の後に、振り返りを行う。

15 掃除レベルを上げる日々の目標設定と振り返り

私の勤務校では、給食の後に掃除があります。給食を片付けた後の時間に、その日の掃除の目標を一つ決めるようにしていますが、その際、子どもたちの状況を見ながら学級全体、班、個人と、人数を変えて決めさせるようにしています。

学級全体では、みんなが共通の意識で取り組めますし、班なら同じ掃除場所で共有できます。また、個人であれば自分で目標を決められます。それぞれに良さがあるため、やりながら現状ではどれが一番子どもたちの掃除に対するモチベーションが高まるかで決めます。そして、5時間目の最初の3分を使って、振り返りをします。5点満点で指で表してもらい、プラス点はどうしてか、足りないマイナス点はどうしたら5点に近づくのかを、学級なら全体で、班なら班ごとで話し合わせ、個人ならホワイトボードに書かせます。その**「どうしたらいいか」の中から一つを選ばせ、明日の掃除の目標にします。**

POINT

理想の状態と現状の比較から、やるべきことを決めさせると、子どもにとって掃除がどんどんおもしろくなる！

7 子どもの座る椅子から、教室前面を見渡す

子どもたちからどう見えるのか

朝、授業中、子どもたちが帰った後など、子どもから見ると、教室はどう見えているのかを確認する習慣をもちましょう。

一般的に、**教室前面はシンプルにするといい**と言われています。私がこの原稿を書いている自分の部屋は、パソコンの画面以外は白い壁が見えるだけです。それだけで確実に集中力が増します。ですから、教室前面は、極力掲示物を減らし、今、学習している事柄だけが目に入るような状態にします。

また、実際に子どもの座る椅子に座り、教室前面がどのように見えているのかを確認することも効果的です。座ってみることで、気づくことがたくさんあるものです。「黒板周辺に貼ってある○○が気になる」「黒板の字が右後ろの席からだと見づらい」「プロジェクターの画面はこの席からだと光ってしまって見づらい」などと、さまざまなことに気づける教師を目指していきましょう。

Action

見えづらくて困っている子どもたちの気持ちに寄り添った言葉がかけられ、より信頼関係が深まる。

- ☑授業中に、子どもたちの視点から前面確認。
- ☑下校後に、子どもの椅子に座り、前面の見え方を確認して、そこに座る子どもの気持ちを想像する。
- ☑子どもの気持ちに寄り添った言葉をかける。

17 子どもはどのように考えているのか

毎日授業をしていると、ついこちらが伝えたいことばかりに意識が向いてしまうものです。しかし、より良い授業にしていくためには、子どもたちのニーズや思考の流れに沿ったものにしていく必要があります。そのためにも、授業後に子どもたちの椅子に座り、教室前面の見え方を確認するのと同時に、子どもがどんなことを考えて授業を受けているのかを想像してみましょう。教室前面という目に見える外側の世界と、その椅子に座る子どもの気持ちという目に見えない内側の世界のどちらも見ようとするのです。

子どもの気持ちは、あくまでも予想ですし、「こう考えているのかな？」と想像する時間は非効率に感じるかもしれません。しかし、**「子どもの気持ち」という目に見えない部分を大切にしながら繰り返し行う**ことで、確実に見えてくる世界があります。

POINT

見えるもの以上に、見えないものを見ようとしよう！

Chapter 3

信頼アップ!

子どもたちとのかかわりが生まれるちょっとした習慣

1 子どもに「ほめる・認める」言葉かけをする

まずは「ほめ」よう

人の心の中には、3匹のタイがいるそうです。**「ほめられタイ」「認められタイ」「役に立ちタイ」**の3匹です。そして、「ほめられタイ」と「認められタイ」の2匹が満たされることで、はじめて「役に立ちタイ」が現れるそうです。

ということで、まずは、子どもたちをしっかりほめましょう。会社の営業などで働く人たちの研修でも、はじめて会った人同士で、お互いにほめまくるというワークがあるそうです。はじめて会った人でも、ほめることで、相手の懐に入っていけるのだそうです。

ただ、私は、ほめようと意識すると、不自然になってしまいます。わざとらしいほめ言葉は逆効果です。ですから、ほめるというよりも、「ありがとう」と感謝の気持ちを言葉にしたり、「すごい！」と驚いたり、シンプルに「いいね！」と言ったりしています。

Action

ほめを丁寧に行うと、子どもたちが、学級のために何かをしたい、役に立ちたいと思うようになる。

- 子どもの良い面に目を向けることを習慣づける。
- ほめるのも、わざとらしいと逆効果。感謝、驚きのＩメッセージを。
- コントロールの意図で行うと、ほめるも叱ると同義となる。「認める」が大事。

どの子のどんな姿も「認める」

「ほめる」より大切なのが、「認める」です。そもそも「ほめる」と「認める」はどう違うのでしょうか。「ほめる」はこちらが思う良いことをした時にかける言葉で、「認める」は何もしていなかったり、むしろこちらが良くないと思うことをしたりした時にも、その子に愛情を伝える言葉や態度だと、私は考えています。

「認める」は、ありのままのその子にポジティブな言葉をかけることです。どの子に対しても、何もしていない時に近づいていって、**「あなたがいてくれて、嬉しいよ」**と言葉をかけましょう。特に、がんばりすぎている子には、必要な言葉です。その子は、がんばっている自分しか価値がないと思っているかもしれないからです。

「ただ、いるだけでいいんだよ」というメッセージを送って、**子ども自身がありのままの自分を好きになる**ようにいざなっていきましょう。

POINT

自分は「ほめる」「認める」の言葉かけが不得手という思い込みを捨てて、積極的に伝えよう！

2 子どもが好きなものをチェックする

好きなもの、興味のあるものをメモしよう

授業をするにも、学級で話すにも、私たち教師には、子どもたちに何かを伝える役割があります。伝えたいことが相手に伝わるようにするためには、相手を知ることが大切です。相手を知ることで、どう伝えると伝わりやすいか、聞いてもらえるかを考えることができます。また、子どもたちとの関係が良好であればあるほど、話を聞いてもらいやすくなります。私自身、嫌だなと思う人の話は、どれだけ内容が良い話でも聞こうとは思えません。逆に言うと、話し方が多少へたでもその人のことが好きなら、一生懸命聞こうとします。

教師自身に興味を抱いてもらい、**信頼関係を築いていくためにも、子どもたち一人一人の好きなもの、関心のあるものに興味をもちましょう**。毎日授業後5分、子どもたちとの会話などから知り得た好きなもの、興味のあるものをメモして、どんどん情報を集めていくようにします。

Action

子どもに興味・関心を示すと、子どもたちが教師のことを信頼して接するようになる。

- 会話をする時に、好きなものを質問してみる。
- 毎日、子ども１人１人の好きなもの、興味のあるものをメモする。
- 子どもの好きなもの、興味のあるものを、少しでも実際に見てみたり、体験してみたりする。

子どもの好きなものを見たり、体験したりしてみる

実際、子どもたちに何が好きかを聞いても、私が全然知らないものばかりです（テレビをほとんど見ない上に、ゲームもしないため）。ですので、好きなものを知ったら、早速、その子の好きなものをリアルに感じ取るようにしています。聞いたものはYouTubeなどでチェックして、少しでも会話ができるようにしておきます。少し知っているくらいで十分です。あとは、子どもたちがどんどん教えてくれるからです。

もちろん、ゲーム好きの先生やアニメなどに詳しい先生にとっては、ここは一番のつながりポイントになることでしょう。**好きなもののことを話してくれている時の子どもたちの表情はとても輝いています。** 授業でも、子どもたちの好きなものを登場させると、一気に興味をひくことができます。先生が自分の好きなものに興味をもって知ろうとしてくれている。そんなことをされたら、誰でもやっぱり嬉しいですよね。

POINT

キーホルダー、下敷きなど何気なく子どもたちの好きなものを身につけてみよう！

3 へたでも黒板や学級通信にイラストを描く

㋺ イラストは誰にでもすぐに伝わるすごいツール

私は、自分がイメージしていることをなかなか上手に伝えられません。そこで、イラストの登場です。**伝わり方が劇的にアップ**します。

まず、描けるようにするといいのが顔の表情です。「嬉しい」「悲しい」「照れる」「怒る」「驚く」「焦る」を、眉毛、目、口や顔のまわりのもので表現します。はじめは、参考になるものを見ながら描きます。何度か描いていると、絵心がなかった私でも描けるようになりました。表情が描けると、前述のウェルカムメッセージや、このあとに紹介する誕生日カードに添えることができます。表情が描けたら、さらに棒人間で体の部分まで描いて、動きを描けるようにすると、バリエーションが格段に増えます。

人物以外にも、物を、丸、三角、四角で簡単に表せるようにすると、かなり説明力がアップします。

Action

イラストを使うことで、話がわかりやすくなり、
子どもたちを喜ばせることができる。

- まずは、顔の表情から。次に棒人間で動きを。
- どんな物でも、丸、三角、四角で描き表してみる。
- へたなら味のある絵で笑いをとれ、上手なら驚かれ、どちらにしても子どもたちを惹きつけられる。

17 うまくても、へたでも、効果のあるイラストの力

私の絵は、うまいとはほど遠いものです。それでも、子どもたちは、喜んでくれます。つまり、**うまくても、へたでも、そこは関係なく、真剣に描いて何かを伝えたいという気持ちが大切**なのです。ですから、ぜひいろいろなところで、積極的にイラストの力を使ってみましょう。また、自分自身をキャラクター化して授業のポイントで登場させたり、学級のキャラクターを募集して、選ばれたキャラクターを学級のみんなが描けるようにしたりすると、行事をはじめとしたさまざまな場面で活用できます。イラストだけではなく、マインドマップやクラゲチャートなどの思考ツールや図は、授業で大いに役立ちます。

イラストや図によって右脳が活性化されると言われていて、子どもたちは豊かな思考ができるようになります。また、ノートを書く時間を楽しみにする子も現れます。ただし、授業の目的が、イラストを描くことだけになる子がいるので、要注意です。

POINT

教師の絵がへたなら、子どももうまくできないことに挑戦する気持ちになれる！

4 休み時間は一緒に遊ぶ

Ⓟ 子どもたちと遊ぶこと自体を楽しむ

午前中にある長い休み時間か、お昼の休み時間、どちらかでもいいので、休み時間には子どもたちと一緒に遊んでみましょう。私が初任者の頃、もう定年退職間近の先生で、子どもたちと毎日休み時間にドッジボールをやっていた方がいました。その先生曰く、「これだけはずっと続けてきたんだよね。子どもたちと一緒に外で遊ぶ。これが子どもたちの心をつかむ一番の方法だよ」と言っていました。**子どもたちとの良好な関係を築くには、一緒に遊ぶことが大切**であると、私も考えています。

外でも教室の中でも構いません。遊びの中でしか見えないことがあります。遊びを通してでしか築けない関係があります。その際、一番大切なのは、細かいことは気にせずに、自分も子どもになったつもりで思いっきり遊びを楽しむことです。

Action

遊びを通じて見せた姿によって、子どもたちが本気で教師のことを好きになってくれる。

- 細かいことは気にせず、遊びを楽しむ。
- 外や教室、どちらでも遊んでみる。
- あくまで、子どもたち主体の時間であることを忘れないようにする。

17 休み時間に、子どもたちと一緒に遊べるようにするには

これを習慣化するためには、**宿題の点検を素早く終わらせる仕事術を身につけることがカギになります。**例えば、2―4（67ページ）でも紹介したように、朝のうちに宿題チェックを終わらせたり、丸付けは子どもが自分自身でできるようにしたりと工夫が必要です。さまざまな仕事術の本がありますが、そもそも私が仕事術を身につけようとする目的の一つは、休み時間に子どもたちと遊べるようにするためです。

また、高学年になると、休み時間に委員会や行事の実行委員の活動が入ることがありますが、自分が担当教師なら、長い休み時間のどちらとも毎日つぶれることがないようにします（自主的にやるのは別ですが）。ただでさえ習い事が多い子どもがいるのに、休み時間まで活動を拘束されているのは、子どもにとって明らかに良い状態ではありません。

POINT

遊びのバリエーションが増えるように、いろいろな遊びを紹介しよう！

5 子どもの下校までは忙しくても暇そうにする

目の前にいる子どもたちとゆっくりかかわる

学校での毎日は、とにかく忙しいものです。それでも、子どもたちが学校にいる時間は、暇そうにしましょう。暇そうにしていると、子どもたちは教師に話しかけやすくなります。忙しいは、「忙」という字のごとく、心をなくしてしまいます。心と心で子どもとつながりたいのなら、忙しさを見せずにいることが欠かせません。私が大好きな星野リゾートのスタッフも、みなさんそのようにされています。15時頃は、多くのお客さんのチェックインが重なります。しかし、一人一人と接する時は、本当にゆっくりと丁寧にお話をしてくれ、忙しさはまったく感じられません。スタッフみんなが、目の前のお客様のことを最優先に考えてくれて、おもてなしをしてくれていることがしっかりと伝わります。

どんなに忙しい状況でも、目の前の人を大切にしてくれる人には、子どもたちは信頼を寄せます。

Action

子どもたちとつながることができ、自分も楽しく学級で過ごせるようになる。

- 「子どもとかかわる」ことを最優先に考える。
- 教室の掲示、授業準備など、子どもたちとできそうな仕事は、子どもたちと一緒に行う。
- やるべきことを書き出してみて、やらなくてもいいことは思い切ってやらないようにする。

子どもとかかわることを最優先にする

教師の仕事は、授業の合間に、理科の実験の準備をしたり、連絡帳への返事を書いたりと、本当に時間的なゆとりがありません。それでも、暇そうにしていて、いつも楽しそうに子どもとかかわっている教師でありたいものです。そのためには、**目の前の子どもと楽しく過ごすことを最優先事項にする**ことです（もちろん子どもの安全を脅かすことが発生したら、すぐに対応をしなければなりませんが）。

そうしたくてもできていない場合、別の何かを優先させている可能性があります。例えば、きちんとしなければという思いが強すぎて、次の授業のことばかり考えてしまっていたり、掲示物が気になりすぎていたりなどです。子どもとかかわることを最優先にしたら、他は多少アバウトになることもあります。

すべてを完璧にすることはできません。自分が大切にしたいことを、大切にできるようにしましょう。

POINT

理想の行動になるように、優先している価値観を書き出して変えてみよう！

6 子どもたちと交換日記をする

Ⓟ 交換日記から見える子どもたちのこと

私は、毎日、子どもたちと交換日記をしています。子どもたちのことは、どれだけ見ようとしても、教師が見ることができる姿はごく一部です。子どものことは知らないことのほうが多いのです。

そこでおすすめしたいのが、交換日記です。日記を書いてもらうことで少しでも多くを知ることができます。まず、子どもたちが今どんなものが好きなのかがわかります。困っていることを書いてくれる子もいて、問題の早期発見につながります。また、クラスメイトのいいところを書いてもらい、学級通信などで紹介することで、良い行動をどんどん広げることができます。そして、子どもたちにとっても、**「気づく力がアップする」「文章を書くことが好きになる」「自分の思ったことを素直に書いて気持ちがスッキリする」「日記を残しておけば、思い出になる」「成長を感じることができる」**など、日記を書くたくさんのメリットがあります。

Action

子どもの成長をうながしながら、全員とコミュニケーションをとることができる。

- その日の最後の授業を早く終えて、5分以内で書かせる。
- 書くテーマを準備しておくと、書きやすくなる。
- 子どもたちが主体的に書くようになるために、日頃から日記を書く良さを伝えていく。

楽しく、心地よく

日記のテーマは基本的には自由ですが、こちらから書いてほしいことがあれば、それをテーマに書いてもらうようにします。また、ある程度子どもたちのことを知るまでは、好きな食べ物、家に帰ったらすること、好きな教科など、その子のことを知るためのテーマを設定するといいでしょう。流れができてきたら、特にテーマ設定はしないものの、基本的に書くといいこととして、「はじめて知ったこと」「できるようになったこと」「学び方で気づいたこと」「友だちから学んだこと」「今日のありがたかったこと」「明日はこうしてみよう」などの項目にします。曜日でテーマを決めるのもおすすめです。

日記へのコメントは一言で。全員分を30分以内で読んでコメントを書き終えるようにしましょう。全員に長く書いていると、交換日記が負担になってしまいます。自分が心地よくできる程度にすることが大切です。

POINT

週1回でもOK。教師も子どもも楽しく続けられるように工夫しよう！

7 誕生日にミニレターを贈る

Ⓟ システムをつくって、渡し忘れなく

誰にとっても誕生日は特別な日です。そうした特別の日をお祝いするために、私は子どもたちの誕生日当日、小さなメッセージカードに**「誕生日おめでとう。＋一言＋簡単イラスト」**を書いて渡すようにしています。一言は、「学級にいてくれて、ありがとう。出会えて良かった」などと、ちょっとしたメッセージですが、子どもたちは喜んでくれます。カードも一〇〇円ショップで販売されているような簡易なものですが、大切にとってくれている子もいます。微妙な反応の子もいますが、あとから聞くとじつは嬉しかったそうです。

ただ、これを確実に実行するためには、絶対に当日（土日の場合は前後の日）渡し忘れのないようにする必要があります。スマホのリマインド機能を活用したり、いつも必ず見る手帳に書いておいたり、1年掲示するカレンダーに書き込んでおくなど、渡し忘れをシステムで防ぐようにしましょう。

Action

小さなメッセージカードで、学級がどんどん温かくなる。

- 誕生日の前日に通知が来るように、スマホにリマインド機能を設定したり、カレンダーに書き込む。
- 無理なく全員を確実に祝える方法で取り組む。
- メッセージカードをもらって嬉しくない人はいない。とにかく実行。

自分に合った方法で取り組もう

メッセージカード以外にも、お祝いの方法はさまざまにあります。例えば、学級通信で生まれた日の出来事や誕生花、同じ誕生日の有名人を載せて、なおかつその子だけカラープリントした通信を渡す。生まれた日の新聞の一面とテレビ欄を図書館でコピーして渡す。連絡帳にメッセージを書く。給食の時に乾杯をする。誕生日1週間前からみんなでカラー画用紙に寄せ書きをして、学級全員のメッセージ付きで渡すなど、無理なくできることを見つけて、ぜひ誕生日当日にお祝いしてみましょう。

ちなみに、4月の始業式前にすでに誕生日を迎えている子もいますので、そういう子は始業式で渡すようにします。出会いの場でいきなり誕生日を祝ってもらえるというのは、インパクトがあって嬉しいようです。夏休み、冬休みなど長期休暇中に誕生日を迎える子には、ハガキでできるだけ誕生日当日に届くように出すのも効果的です。

POINT

親に「産んでくれてありがとう！」と感謝する日であることも伝えよう！

Chapter 4

教師の本丸！

子どもの夢中を引き出す授業づくりのちょっとした習慣

1 授業のフォーマットを決めておく

授業のフォーマットを決めるメリット

授業のフォーマットを決めることで、教師も子どもも授業に対する抵抗感を減らすことができます。教師にとっては、この**フォーマットに当てはめるだけで授業準備ができる**ので、短い時間で準備を完了させることができます。子どもたちにとっては、**授業の流れを同じにすることで、落ち着いて授業に取り組める**ようになったり、次にやることが予想できるので速く動くことができるようになったりします。

まずは、自分なりに各教科の授業の流れと板書のレイアウトを決めてみましょう。次に、子どもたちの活動の仕方やノートの書き方、発表法なども考えましょう。そして、実際に授業をしたあとは、授業を振り返って、教師も子どもも授業がしやすいように微調整をします。また、時にはここぞとばかりにまったくちがった流れを入れると、インパクトがかなり大きくなります。

Action

授業準備の時間を短縮できる。子どもたちが安心して授業に取り組め、行動のスピードが上がる。

- 1学期はフォーマット通りの授業を多めに行う。
- 2学期は子どもの活動多めのフォーマットにする。
- 3学期は、できたフォーマットを崩していく。

⑰ フォーマットをつくったら、少しずつ崩す

1年間を通して、いつまでも同じフォーマットで授業をするわけではありません。私は3月には、45分間子どもたちだけで話し合ったり、学習の仕方を決めて、その時間の授業の目標を達成したりするような、いわゆる教師がいらない授業をしたいというビジョンがあるため、**徐々に子どもたちの活動が多くなっていくようにフォーマットを変化**させていきます。

5月までは教師主導でさまざまな学習の仕方を伝えながら、子どもたちに取り組んでもらい、その後、ちょっとずつ学習の仕方も選択できるように自由度を増やします。そして、子どもが自分たちで活動をする時間を少しずつ増やしていきます。

教師の指示も少しずつ減らしていきます。もしうまくできなければ、指示を増やし、教師主導で進める時間を増やすだけです（もちろん、授業内容にもよります）。

POINT

どんな授業でも、子どもが全員アウトプットする時間を確保しよう！

授業準備の完了形

私の授業準備の完了形とは、次のようなものです。まず、一つの単元が始まる前に、①単元の目標を読む、②教科書を一通り読む、③テストでどんな問題が出るかチェックする、④簡単に1時間ごとの目標を読む、という流れです。①～④を読みながらメモすることもあります。そして、1時間の授業の準備は、①その授業で達成したいゴール（学習目標と今の学級をこうしたいという目標の2つ）をノートに書く、②「板書計画」「授業の流れ」「子どもと同じノートを書く」の3つのどれかをノートに書く、③必要ならパワーポイント資料を作成する。これらを最低でもやると決めています。

さらに時間とやる気がある時は、どんな活動を入れるかもメモします。これで準備は完成。あとは、子どもたちと共に授業をつくるという感覚で授業本番を楽しんでいきます。

POINT

先延ばしにしている仕事は、完了形を決めると取り組みやすくなる！

3 「楽しそう」をはじめにつくる

Ⓟ なぜ、その行動をするのか

学校という場は、子どもたちに何か行動をしてもらうことばかりです。当たり前のことと言えばそうですが、教師が指示をして、子どもたちが行動をする。そうした時に、いきなりやることを伝えてしまうのでは、素人です。趣意説明と言って、なぜそれをやるのかを説明してから、具体的に取り組むことを伝える。それがプロの教師です。

例えば、「机の中を整えましょう」です。これは、いきなりやることを伝えているだけなので素人。ただし、なぜやるのかという価値を普段から丁寧に話している場合は問題ありません。「使いたいものをすぐに取り出せるようにしておくと、気持ちよく学習を進めることができます。机の中を整えましょう」。これは、なぜやるのかを話してから、取り組むことを伝えています。特に4月は、この「**なぜ取り組むのか**」を、どんなことについても短く説明できるようにしましょう。そして、さらにその上の段階があります。趣意説明よりも効果的なのが、「**楽しそう**」なのです。

Action

楽しそうと思わせてから、何か行動をさせ、その価値を最後に共有する。

- ☑その場面での理想の行動を思い描いておく。
- ☑その行動をなぜやるといいのかを説明できるようにしておく。
- ☑教師が率先して、楽しみながら行動を起こす。

17 楽しそうだから、やってみたいと思う

「スピード物出し選手権！　今から先生が言う物を、素早く出してください。のり！」。すかさず、速かった子に、「どうしてそんなに速くできるの？」と聞いて、「普段から机の中を整えているんだね。では、みんなも整えよう！」と声かけします。そして、全員が整えられたところで、「物がすぐに出せると、心地よく授業ができるね」と締めくくります。

このように、子どもに楽しそうだなと思わせてから取り組ませ、その行動が、じつは素晴らしいものだと価値付けをすることによって、良い行動が楽しく身につくようになります。また、実際に教師が楽しみながら行動している姿を見せていくことからも、少しずつ子どもたちを変化させていくことができます。人は楽しそうな人を真似したがるものです。そうした習性を活用して、子どもに取り組んでもらいたいことを、教師自身が先んじて楽しんで取り組む。それが、主体的に子どもが行動できるようになる一番の秘策です。

POINT

教師自身がいつも楽しそうにしていることで、子どもたちは前向きになる！

4 教師の語りで「未来」を見せる

教師の仕事は「行動した先の未来」を見せること

学習や運動など、教師にとってはそれを行うといいとわかっていても、子どもからすると、退屈で面倒なことがたくさんあります。そういうことを子どもたちが主体的に行えるようにするには、**その行動をしたあとにどうなるのかの未来を見せる**必要があります。

取り組んだことがない人には、取り組んだ先の未来がわかりません。だから、どうなるのかを楽しそうに伝えるのです。例えば、「計算がある程度できるようになったら、楽しくなってくるよ。はじめはつらいかもしれないけれど、やっているとだんだん楽しくなってくるんだよ」「運動って、やり終えると、すごく気持ちよくなるものなんだよ」など、取り組んだ先を少しでもイメージできるようにすると、やってみようと前向きに取り組める子が増えます。また、**活動後には実際どんな気持ちになったのかを学級でシェアする**とより効果的です。

Action

多くの子が、目をキラキラと輝かせて課題に取り組もうとする。

- ☑その行動が面倒だと感じやすいものは、その行動をした先にどうなるかを楽しそうに話してみる。
- ☑今の行動がいまいちうまくいっていない場合は、未来にどうなりたいのかを聞く。
- ☑未来に近づくために何をすべきかを一緒に考える。

未来をイメージして、今を変える

取り組もうとしたけれどうまくいかず、本人が望んでいない結果になってしまった子（人）に声をかける時にも、未来を見せることは有効です。この場合、未来を一緒に考えることになります。例えば、がんばったのに漢字のテストで不合格になってしまった子がいたとします。「今回がんばったけれど、結果的にはうまくいかなくてきっと悲しいよね。また漢字のテストをやるけれど、次はどうなりたい？」と聞きます。ここで、「合格したい」という未来を本人が言ったら、「じゃあ、次までにどうしようか？」と聞いて、一緒に作戦を考えるのです。作戦ができたら、行動あるのみ。作戦はできるだけ具体的な行動がイメージできるようにしましょう。

このように、教師と子どもが未来を一緒に思い描き、**未来から見て、その時にできる行動を一緒に考えることで、今の行動を変えることができます。**

POINT

「未来はハッピーエンドに決まっている」というマインドでやっていこう！

5 小道具を活用する

一人一つあるだけで活用場面がさまざま

ちょっとしたものだけれど、あるとなんだか楽しくて、やる気にすることができるものが小道具です。そういった小道具は、簡単に作れたり、一〇〇円ショップに売っていたりするので、ぜひ教室に常備しておきたいものです。

いろいろとある中で、一番のおすすめが、**一人一つのホワイトボード**です。A4用紙をラミネートするだけのものですが、片側には方眼のマス（エクセルで作成）を入れて、字を書きやすくしています。ホワイトボードペンは、一〇〇円ショップなどで五本入りのものが売っています。また、消すものとして、メラミンスポンジを渡しています。こちらも三十個一一〇円です。これらを使って、国語科や算数科の授業でどう考えたかを図やイラストを使って説明したり、単純にクイズ大会をやったり、絵を描いたりと、さまざまに便利に活用できます。

Action

ちょっとお金を出すだけで、教室での活動がより活発になる。

- ☑ホワイトボードは授業でも遊びでも使えて便利。
- ☑音が出る小道具やBGMも活用場面が多くて便利。
- ☑掃除などの作業の時短にもなる。

便利な物はたくさんある

ちょっとしたBGMもあると、子どもたちの気分を高めながら活動させることができます。例えば、ピンポンブーという音の出る○×があげられる玩具は、テンポ良く答えを聞いていく時などには最適です。スマートフォンとBluetooth対応の小型スピーカー(例えば、Anker SoundCoreなど)も準備しておけば、簡単にBGMを流せる上に、軽くて小さく持ち運びしやすいので体育科の授業でも使いやすいです。また、スマートフォンは、かなり薄型のカメラにもなるので、ポケットに入れておけばすぐに写真が撮れます。小型の掃除機も教室に常備しておくと、隙間や隅を掃除する時に重宝します。

小道具でも増えてしまうとスッキリとした環境からは遠ざかってしまいますが、授業を盛り上げたり、効率的に仕事ができたりする物は、ぜひ揃えておきましょう。

POINT

小道具は、準備をする前に、置き場所をしっかりと決めておこう!

6 隣の教室の板書を写真に撮る

見本になる板書を撮影して、自分の授業に生かす

みなさんの勤務校には、素敵な先生がたくさんいるはずです。例えば、授業がうまい先生がいたら、実際にどんな授業をしているのかを見せてもらうといいでしょう。特に、同じ学年の先生の授業例は、すぐに自分も試すことができます。

しかし、教師の仕事は空き時間が少ない上に、ここぞとばかりにやるべきことがたくさんあって、なかなか他に授業を見にいくことはできません。そうした時は、その先生の教室を通りかかったタイミングで、黒板を撮影させてもらいます。見て回っていると、本当に上手にまとまった黒板を書いている先生がたくさんいるものです。そして、わからないことがあったら、子どもたちが帰った後にその先生に聞いてみればいいのです。すると、自分とは違う視点で授業をしていることがわかったり、ちょっとしたコツが聞けたりと、多くの学びが得られます。同時に、コミュニケーションもとれてしまう最高の習慣です。

Action

身近にいる先生方のすごさを知り、授業をより良くしたり、コミュニケーションもとれる。

- 板書写真を通じて、授業について話し合う。
- すべての教科をしっかり教材研究はできないと割り切る。
- 1年で1教科。自分が専門性を高めたい教科を決めて、こだわって研究してみる。

37 その1年、こだわって研究する教科を決める

自分の専門教科をつくって、その教科では他の先生に情報提供ができるくらいの強みにしていくことも大切です。私が初任者の時、「今年1年1教科にしぼって、じっくり教材研究をしてごらん」と先輩の先生からアドバイスをもらいました。当時の私は、「子どもたちのために全部の教科をちゃんと準備するんだ！」と張り切っていましたが、その結果、すべての教科が中途半端になってしまったのです。

実際問題として、我々教師には、残念ながらすべての教科を完璧に準備する時間はありません。ざっと目を通し、その時間のゴールや発問などをメモするだけなら全教科でもできるかもしれません。しかし、**じっくりこだわって教材研究をする専門の教科をもつ**と、その授業で子どもたちを惹きつけることができます。そして、その授業例をもって**他の先生とスキルの交換**ができる上に、周りの先生の役にも立てていると実感することができます。

1年1教科と決めて、専門性を高めてみましょう。

POINT

自分の授業の板書も写真に撮って、振り返ってみよう！

7 土日のどちらかの午前中に教材研究を行う

🏳 午前中は脳のゴールデンタイム

以前の私は、一通り仕事が片付いた平日の夕方に教材研究をしていました。17時や18時からスタートです。すると、やらなきゃという気持ちとは裏腹に、全然進まないのです。さらには帰りが遅くなってしまうという悪循環。もうその時間には、脳も体もくたくたに疲れ切っています。意志の力も集中力も残っていません。

こうした失敗から、平日の夜に教材研究はせず、早く帰って家族と過ごしたり、早く寝たりすることを強くおすすめします。教材研究は、ずばり土日の午前中が絶好のタイミングです。それまでは、土日といえば昼まで寝ていたのですが、その経験から、平日と同じ時間に起きて、午前中のうちに教材研究をするようになりました。

朝の脳は、夜よりも圧倒的に高いパフォーマンスを発揮してくれるので、スムーズに教材研究が進みます。また、**起きる時間は毎日同じほうが月曜日の朝が楽**ですし、すごく良い習慣です。

Action

平日の夜、リラックスして過ごせば、次の日、朝から元気よく過ごせるようになる。

- ☑土日も平日と同じ時間に起きる。
- ☑教材研究は、脳の冴えている午前中にやってしまう。
- ☑できたら、長期休暇を有効活用する。

11時までが勝負！

土日の午前中の教材研究は、11時までに終わらせるようにします。5時に起きて、最初の1時間半は、平日と同じように動き、その後、洗濯や掃除を30分しても、まだ7時。11時までは4時間あります。この4時間があれば、基本的な教材研究ができます。11時以降は、リラックスタイムです。家族と過ごしたり、録画した番組を見たりもできます。それでも教材研究の時間が足りなければ、日曜日も同じような時間で過ごします。ただし、できれば土日のどちらかで終えて、片方の日は朝の人が少ない時間帯から、ショッピングモールや自然のある山や川などに出かけたいものです。そのためにも、**長期休暇中にざっと教材研究をしておく**といいでしょう。

土曜日の朝からダラダラと過ごし、「来週の授業準備をしなきゃ〜」などと罪悪感を感じながら日曜日の夕方になっていたというのは、もっとも残念です。

POINT

始めてしまえば意外とできる。まずは教科書を広げてみよう！

Chapter 5

つなぎ役に徹する！

子どもと子どもをつなげるちょっとした習慣

1 席替えは月に1回とこだわらない

席替えのタイミング

自分が勝手に決めていた、どうでもいい思い込み、誰にでもあるのではないでしょうか。それが、私にとっては席替えのタイミングでした。以前は日直が1周回ったら席替えをするとか、1か月に1回と決めて席替えをするとしていました。しかし、ある時、「それって月に1回じゃなきゃいけないのか？」と疑問に思ったのです。毎週席替えをしてもいいし、逆に、何か月も同じでもいいのではないかと。

明確な教師の意図がありさえすれば、どんなタイミングでもいいのです。もちろん、子どもたちが納得できるような説明も必要です。私は、どんな人とも協力できるようになるために席替えが必要だと思っています。そのため、1か月もたたないうちに、席替えをすることが多いです。それは、**子どもたちにより多くの人と協力できるような人に育ってほしい**からです。

Action

席替えの回数を増やして、人間関係を広げていく。

- ☑席替えを頻繁に行ってみる。
- ☑学級が（ある程度）安定していたら、くじ引きにして、偶然の人間関係を楽しむようにさせる。
- ☑席替え前に教師がしっかり席替えの意図を話すことで、教室の空気を冷やす発言をさせない。

学級が安定していたら、席替えは「くじ引き」で

とはいえ、席替えのタイミングを教師の一存だけで行うと、子どもが「席替えしたい」と、しょっちゅう言いにくるようになります。自分の隣の人が「席替えをしたい」と言っているのを聞いたら、子どもはやはり悲しい気持ちになってしまいます。その結果、教室中の空気が冷えてしまいます。ですので、席替えの前に、ある程度は次の席替えがいつなのかを伝えるようにします。また、学級が安定していたら、くじ引きで行うようにします。

学級が不安定な状態の時は、トラブルが少なくなるように、できる限り教師が席を決めるといいでしょう。教師と子どもとの信頼関係ができ、学級が落ち着いてきたら、くじ引きで席替えをしてみます。もちろん、くじ引きによって機能しにくい班もできますが、しばらく見守っていると、まれに化学反応が起きて突然リーダー性を発揮する子が現れることもあり、長期的な視点から見ると、良い結果が得られます。

POINT

席替えのタイミングに限らず、自分の勝手な思い込みに気づき、疑ってみよう！

2 ペアトークを頻繁に行う

ペアトークのさまざまな効果

私が、よく行う活動として、ペアトークがあります。ちょっとした授業のワンクッションになるのはもちろん、**自分で言葉にしたり友だちの言葉を聞いたりすることで、授業内容などより理解が深まる**からです。また、**子どもたちのつながりを築く**ことにもなります。

ペアトークは、30秒~2分といった短い時間でたくさん行います。トークの相手は、隣同士、斜め、縦と3パターン用意します。隣同士だけでは、イライラしがちな子とペアになる子は、いつもつらい思いをしてしまうからです。イライラしがちな子をいろいろな子でサポートし、みんながペアトークを楽しいものだと思うような工夫も大切です。

また、授業中など、ずっと座りっぱなしになっていたら、「立って話しましょう」と伝えてからペアトークを始めると、背伸びをしながら話す子も出てきて、リフレッシュにもなります。

Action

授業の合間にペアで話す時間をとり、少しでも緩む時間をつくって、子ども同士をつなげていく。

- ☑はじめは、簡単なテーマでたくさんペアトークをしてみる。
- ☑説明後に、「ここまでの話でわかったことを話しましょう」と言うと効果的なトークテーマになる。
- ☑徐々に難しいテーマで長い時間のペアトークに挑戦。

少しずつできるようになる

ペアトークの取り組みを始めて回数が少ない頃は、まったく話し出さないペアもいます。そうした際、「まだあまり話したことのない人だと、話し出すのが難しいよね」と認めつつも、笑顔で話せているペアや、時間になっても終わらないくらい話が盛り上がったペア、頷きながら聞き合っていたペアなど、**良い話し方をしているペアを見つけて、全体に伝えていく**と、徐々に誰とでもペアトークができるようになります。いきなりスムーズにできることはありません。

以前、「あなたの学級だからできるのよね。うちでは、できない」と同じ学年の先生に言われたことがありますが、何度も何度も繰り返してきたから、できるようになったのです。ペアトークに限らず、**小さな繰り返しをして、その活動の心地よさを子どもたちが理解**できると、どんな学級でもいろいろなことが身についていきます。

POINT

うまくいかない場合は、話したくなるテーマになっているかを確認しよう！

3 班活動を頻繁に設ける

班対抗で楽しむ

さまざまなかたちでの班対抗が、子どもの活動を活気づけます。なかでも、楽しく簡単に取り組める活動が、「同じにしましょ」と「かぶっちゃやーよ」です。

「同じにしましょ」は、お題に対して、できるだけ他の班と答えを同じにするというものです。その答えを、それぞれの班で30秒以内で考えて、班で一つホワイトボードに書きます。一方、「かぶっちゃやーよ」は逆です。オンリーワンの答えを目指して考えるものです。お題は、インターネットで検索するとたくさん出てきます。

「同じにしましょ」では、一番多い答えにできた班に1ポイントを、「かぶっちゃやーよ」は、オンリーワンの答えにできた班に1ポイントです。ゲームだけではなく、「チャイム前に授業準備」など、半数くらいの子がやり忘れているという時に突然チェックをして、班全員ができていたら1ポイントということもしています。

Action

子ども同士をつなげていきながら、仲間とゴールに向けて、活動をする経験を積ませていく。

- ☑班対抗はやりすぎると勝負にこだわりすぎ、できない子を責めることもあるので、ほどほどに。
- ☑班ポイントの数の高い班から、席替えのくじが引けるという特典を設ける。
- ☑話し合いがうまい班を見つけて学級全体で共有する。

班の目標を設定する

班で目標を決めて、その目標に対して、どんな行動をすればいいのか、どんな行動は良くないのかを具体的に考えて、書くという取り組みも行っていきましょう。これは、教室での班でもできますが、校外学習や野外学習、修学旅行といった行事の班で行うとより効果的です。目標は一つ。行動はそれぞれ3つずつくらい挙げてもらうのがちょうどいいです。最後に、書いたことを誓うように、一人一人、一番下の欄にサインをします。

班単位で目標を書くことで方向性が定まり、班がチームとして機能するようになります。もともと価値観の違う個々の集まりなので、子どもたちの関係が深まるほど、班で話し合う過程でトラブルが出てくるかもしれません。そこを**どうすればいいかを考えることも、価値ある教育活動**だと思います。

見守って、最後はハッピーエンドと信じて続けていきましょう。

POINT

班長を日替わりで変えてみて、全員がリーダーを経験できるようにしよう！

4 感謝やほめ言葉を伝え合う時間をつくる

㋭ 週に1回は感謝を伝え合う時間を

教師がいくらほめたり認めたりする言葉をかけても、学級全体がそういった言葉を言い合えるようにならなければ、学級は温かい雰囲気になりません。そのための土台づくりとして、**子どもたち同士が感謝の気持ちを伝えたり、ほめ合ったりする時間**を週に1回程度設けましょう。

時間をかけずにできるのは、交換日記のテーマを「学級の人に感謝していること」にして、次の日に教師から学級通信やウェルカムメッセージ、朝の会などで紹介していくことです。また、子どもからの提案で感謝ボックスという箱を作り、感謝メッセージを募集して、金曜日の朝に発表するということもやりました。クラス会議に取り組んでいたら、「ハッピー・サンキュー・ナイス」という取り組みがおすすめですし、菊池省三先生の「ほめ言葉のシャワー」という取り組みもあります。さまざまに実践してみましょう。

Action

「ありがとう」や嬉しい言葉が子どもたちから飛び交い、教室の雰囲気が温かくなる。

- お互いに感謝したり、ほめ合ったりする時間を決めて習慣化する。
- ゲームをしたり、ふわふわ言葉の実践を行ったりして、とにかく言われて嬉しい言葉の語彙を増やす。
- できている子に目を向け、その輪を少しずつ広げる。

相手が嬉しいほめ言葉

人をほめるには、ほめ言葉そのものを子どもたちが知る必要があります。そのために、まずは教師が日頃から子どもたちが喜ぶ言葉をストックして、教室で使うようにしましょう。また、相手がどんなことを言われると嬉しいのかは、人によって違うことにも気づかせます。例えば、「変わっているね」は、言われて嬉しい人と傷つく人に分かれます。言われてどう感じるかを学級で話し合って、同じ言葉でも人によって感じ方が違うこと、ほめるためには相手をよく観察する必要があることに気づかせます。

また、**ふわふわ言葉**（教室にあふれさせたい言葉、言われて嬉しい言葉）と**チクチク言葉**（言われて嫌な言葉）を、4月にみんなから聞き出し、掲示しておきます。そして、席替え前、行事後、金曜日などと、班などでお互いをほめ合う時間を設定して、実際にほめ合うことをさせていきましょう。

POINT

「ありがとう」やほめ言葉を上手に使っている子を見つけて教師が喜ぼう！

5 教わり合いや教え合いの時間を設ける

教える側の心得

授業の中で、子ども同士が教え合う時間を確保しましょう。わからなかった子が教えてもらうことで理解できるようになりますし、わかっている子も言葉にすることで、より理解が深まります。どちらにとってもメリットしかありません。ただ、どのように教えればいいのかを具体的に教師が伝えておく必要があります。そうしないと、答えを教えるだけの子がいたり、教えなくてもできるのに教えてしまうといったことが起き、教えられる子にとっては学習の機会が奪われてしまう一因になりかねないからです。

答えだけを教えないようにするためには、算数科ならアルゴリズムを順番に唱えていくこと、国語科ならキーワードを元に本文から答えを一緒に探していくことなどのように、ヒントだけあたえるようにすることを伝えます。また、教える側として、相手の学習機会を奪わないようにするため、**「5つのかける」**を大切にすることも伝えます。

Action

困っている時は、「教えて」「助けて」という声を出せるようになる。

- 得意なことで人に貢献し、苦手なことで人に頼ることで、良い人間関係を築いていけることを伝える。
- 教える側が固定しないようにする。
- 教える側以上に、教わる側はどうするかをしっかりと伝える。

教わる側の心得

子どもたちが大人になった時に、全部を自分でやろうとせず、**困っている時には、助けを求めることができる**ようになっていてほしいと考えています。もちろん自分でできることは自分でやり、できることを増やしていくことは大切です。

しかし、人は誰もが一人では生きていけません。困難にぶつかることがあるのです。そんな時に一人で問題を抱え込むのではなく、ヘルプを出せるヘルプ力が必要なのです。そのためにも、わからないことをそのままにしないこと、わからないことを人に聞くことは恥ずかしいことではないことを繰り返し伝えていきます。

そして、教え合う雰囲気ができてきたら、逆に、なんでもかんでも聞かず、自発的に取り組むことも徐々に伝えていきます。教科書に書いてあることをもう一度確認して、それでもわからない時に聞くようにと指導していきます。

POINT

「教える」「教わる」の時間を振り返りで少しずつレベルアップをしていこう!

6 子ども主体で行うルーティンをつくる

一律ではなく、多様に主体的に取り組ませる

学校という場所は、どうしても一律であることを求めてしまうところがあります。私は自分が小学生の頃、学校が好きではありませんでした。その理由の一つに、みんなと一緒であることを求められている傾向が強かったところへの反発にあると思っています。そうしたことからも、私は、一律ではなく、それぞれが学びたいことを見つけて学んでいくような授業を理想としています。とはいえ、いきなり毎日の授業をそのようにすることはできません。学びたい課題の見つけ方、学び方、基礎知識、学んだことのまとめ方などは、全員に伝える必要があります。

そこで、全時間を子ども主体の課題に取り組ませるのではなく、単元の中の数時間、あるいは45分の授業の中での10分間などで取り組ませるようにします。そうして何度も取り組むことで、子どもたちはどんどん主体的に上手に学べるようになっていきます。

Action

それぞれが自分の課題をもって、授業に取り組むことができる。全員が楽しめるような授業になる。

- まずは短い時間から。
- 自由すぎると、何をしていいかわからない子もいるので、まずは選択課題から始める。
- 振り返りで、課題設定ややり方の改善点を見つける。

「自分学習」という名の子ども主体のルーティンを

朝学習の時間が設定されている学校なら、その時間を「自分学習」の時間にするのがおすすめです。方法は、月曜日に今週の自分の課題を決めて、その課題に向けての学び方を決め、一週間、取り組んでいく。そして、金曜日に振り返る。それだけです。

ここで**一番大切なのは振り返り**です。自分が決めた課題の達成度ややり方の振り返りをさせます。すべてできたなら、課題設定が簡単すぎた可能性があり、また、できなかったなら、課題のレベルが高すぎたか、やり方の改善が必要です。そして、それを来週の課題設定ややり方の改善に生かします。毎週やると、1年で30回程度行えるので、どんどん上手になります。また、定期的に周りの人と何をやったかを見せ合うことで、学級全体の自主学習のレベルが上がります。それ以外にも、国語科の授業で毎時間音読をし、その時間を子ども主体のルーティンとすることもできます。

POINT

—— うまくできないなら、時間を短く、選択課題に！
うまくできたら、時間を長く、自由課題に！

7 会社活動で子どもたちをダイナミックに

会社活動を取り入れるメリット

子どもたちが、自分のやりたいことで学級に貢献でき、なおかつ楽しめるものが「会社活動」です。会社活動は、係活動とは違います。係活動は、朝の会の司会、黒板消し、授業の号令、健康観察板を届けるなど、1日の学校生活に欠かせないもので、一人一当番で行われています。一方、会社活動は、**なくてもいいけれど、あったらもっと学校生活が楽しくなること**を子ども自身が考えて取り組むものです。

例えば、週に1回、朝学習の時間を会社タイムと設定したり、月1回、学級活動の時間を活用したりして行います。内容は、クイズ、お笑い、くじ引き、新聞づくりなどがあります。会社活動がうまく動き出すと、子どもたちは、自ら動くようになります。そして、子どもたち同士のつながりが広がったり、一人一人がみんなに認められるようになったりします。また、どんなことが喜ばれるかを考えて取り組むので、**相手への意識がもてる**ようにもなります。

Action

子どもたち自らが考えて行動し、人を喜ばせようとあれこれ工夫していくようになる。

- ☑活動開始は、5月中旬など、係や当番がすでに軌道に乗っているけれど、ややだらけてきた頃がいい。
- ☑会社設立表には、会社名、会社理念、活動内容（活動計画）、メンバー（社長に☆印）を記入。
- ☑教師側からもイラストなどを販売してみる。

Ⓟ 会社活動スタート準備

まずは、子どもたちに会社をやってみたいと思わせることからです。会社は、あるとより楽しくなること、自分のやりたいことで誰かを喜ばせるものであることを説明します。ルールも伝え、1週間ほど、どんな会社を創りたいかを考えてもらいましょう。

決まった子には、「○○をする会社をします。」と書いた紙を掲示板に貼ってもらい、アイデアが浮かばない子やどこにも入れなさそうな子には、本人のやりたいことを確認し、社長になりそうな子に誘ってくれるように頼んで、スムーズに始められるようにサポートします。そして、学級の通貨の単位決めもします。私の学級では、「スマイル」や「しめじ」になりました。決まったら、「千」「五千」「一万」の紙幣のデザインを募集して投票で決定し、大量に印刷しておきます。さらに、会社設立表を書いて準備が整ったら、さあ、いよいよ会社活動スタートです。

POINT

うまくいかないことが出た場合、その都度ルールをみんなで話し合っていこう！

Chapter 6

リセット＆チャージ！

1日の疲れを
翌日に持ち越さない
ちょっとした習慣

1 机の上は何もない状態で帰る

心は見えているもののようになる

机の上に出されているものを、今行っている作業に必要な物だけにしておくと、圧倒的にその作業にかかる時間が短くなります。整った環境にすることで、心が落ち着き、穏やかに過ごすことができたり、頭の中もスッキリとした状態になったりしていきます。そして何よりも、その作業に必要なもの以外には目に入らないので、集中力が増します。

現代人にもっとも必要な力は、集中力だと言われています。スマホの普及により、ほとんどの人は意識があちらこちらに分散しがちですが、「今、ここ」に集中すれば、自分のもっている力を最大限発揮できます。とはいえ、学校の仕事は、〝紙々〟との戦い。気を抜くと、あっという間に机の上が書類だらけになります。

学校から帰る前の5分間で、机の上だけは何もなし（パソコンのみ）にし、スッキリとリセットして帰りましょう。

Action

作業効率が圧倒的に上がり、仕事の質を落とさずに、早く退勤できる。

- 机の上だけは聖域として捉え、何もない状態で帰ることを死守する。
- 仮でもいいから物の置き場所を決め、そこにしまう。
- 帰る前の5分は、机周辺を整える時間として、タイムブロックをしておく。

物の置き場所を決める

机の上を何もない状態にするためには、**物の置き場所をしっかりと決める**必要があります。仮の場所で構いません。とにかく決めます。

私の例を紹介します。提出系のプリントは、横長の引き出しにしまいます。1か月以上先に使う、または使うかもしれないものは、「とりあえず」というクリアファイルに突っ込みます。とっておきたいものはスキャンしてデータ保存です。1か月以内の行事の案は、バインダーノートにはさんで持ち運びできるようにします。必要のない、または多分不要なプリントは、デスクの下のトレイに入れます。

そして、月に1回、まとめてリサイクルボックスに入れたり、シュレッダーにかけたりします。この時、直近の上の方にあったプリントは、少しの間とっておきます。すると、やはり必要だったというプリントが取り出せることもあり、いざという時に便利です。

POINT
iPadなどをフル活用して、できる限り紙類をデータで保存しよう！

2 明日やれることは明日やる

「帰宅しよう」を阻む2つの関門

自分であらかじめその日の帰宅時間を決めて、その時間に帰るようにすることを強くおすすめします。具体的には、**決めた時間の10分前になったら、今やっている作業が途中でも終わらせて机の上を片付け始めます**。ここを乗り越えるのが第一関門です。人はキリがいいところまでやってしまいたいと思うものですが、ここはどこからが続きの作業かをスマホにリマインドして乗り越えましょう。ここを乗り越えたら、次の関門です。それは、片付けている時です。片付け中、なぜだかやらなければならないことを見つけてしまうからです。これをやり始めてしまうと、結局、自分で決めた帰宅時間から大きく遅れてしまいます。ここもスマホにリマインドで乗り越えましょう。

明日やれることは明日やる。時間で区切るようにしていくのです。自分で決めたことを守り、大切にすることで、充実感を感じる毎日が過ごせます。

Action

定時帰宅の習慣化で、子どもたちの前でいつも元気でいられる。

- ☑「明日できることは明日やろう」マインドを基本として、自分で決めた帰宅時間を守るようにする。
- ☑伝えたいことがあったら、「明日やろうはバカやろう」精神で勇気を出して早めに伝える。
- ☑週１日、とことん中途作業を完了させる日を設ける。

「明日やろうはバカやろう」

「明日やれることは明日やろう」と同時に、「明日やろうはバカやろう」という言葉も意識しておきましょう。どんな時に「明日やろうはバカやろう」を思い出すといいかというと、保護者や同僚への連絡の時です。こうした連絡には気遣いや配慮が求められるが故に、億劫さや面倒な気持ちが芽生えてしまうことが少なからずありますし、多少勇気のいるケースが多いため、つい後回しにしがちです。ただ、ちょっとでも伝えておいたほうがいいだろうなと思ったことは、その日のうちに伝えるようにしましょう。あとから「聞いていない」と相手を怒らせてしまうことは、とても残念です。**早く知らせることで、相手を大切にしている気持ちを表す**ことができます。

自分の大切なことを大切にするための「明日やれることは明日やる」。誰かに伝えることを先延ばしにしない「明日やろうはバカやろう」。どちらも大切なマインドです。

POINT

授業後の自分の時間の使い方を、30分ごとにメモしてみよう！

3 スマホにリマインド

今、目の前のことだけに集中するために

頭の中に、やるべきことを残したままにしておくと、目の前のことに集中できません。また、多くのことを記憶しておくことはできず、忘れてしまうことも多々あります。そうしたことからも、**どんなささいなことでも、必ず書き出しておく**ようにしましょう。

書き出す場所は手帳など必ず一箇所にして、毎日見返すようにします。そうすることで、脳内にあったやるべきことを頭の中から出して、今の作業に集中できるようになります。集中できれば、かなり作業が速くなるはずです。

最近では、スマートフォンのThings 3といったアプリなどを使ってやるべきことを管理していくのがおすすめです。とにかく今やらないものは、そこに入れていき、○日の○時に思い出したいものについては、リマインド機能を使って、通知がくるように設定しておきます。ぜひ一度試してみてください。

Action

スマホのリマインド機能活用で、頭が整理され、目の前のことに集中でき、作業がはかどる。

- ささいなことでも、書き出す。
- 手帳やノートなど、書いたものは毎日見返すように習慣化する。
- スマホアプリのリマインド機能でやり忘れを防止。

ToDoを管理する時のコツ

無料アプリもたくさんありますが、私はThings 3という有料アプリを使っています。有料アプリの良さは、広告が出ずにスッキリしていて使いやすい上に、お金を払ったからにはしっかりと使わなければという思いが生まれ、より意識が高まることです。

やることを書いたり入力したりする時は、自分が見て、どんな行動をするかが明確になるようにするのがポイントです。これは人によって異なりますが、例えば私の場合、「国語の成績を完成」では、すぐに動き出せません。すぐに動ける行動にするために、「子どものノートを見返す」「授業中のメモを並べる」などと行動を分解します。

自分が苦手だったり、後回しにしてしまったりするものは、分解すると行動しやすくなります。また、1週間の始めに、いつやるかを決めて日にちのところにやるべきことを入れると、計画的に作業が進みます。

POINT

やり終えたToDoを見返して自分のことを誇らしく思い、ほめてあげよう！

4 就寝2時間前までに夕食を食べる

Ⓟ 心身のパフォーマンスを最大限高める工夫を

「こんなことが仕事に影響するの?」と思われるかもしれませんが、日々のちょっとしたことの積み重ねが、子どもたちに大きな影響をあたえるのです。**教師として、子どもたちと過ごす時間の自分の感情や体をベストの状態にしておく**ことはとても大切です。

心身共に良い状態で子どもと過ごすために、私は就寝2時間前までには夕食を食べ終えるようにしています。そうすることで、寝ている時の内臓の負担を減らすことができるからです。寝る寸前に満腹にしてしまうと、寝ている間に、腸が消化のために一生懸命活動をすることになり、朝起きた時には、まるでマラソンを完走したかのような疲れとなってしまうそうです。食べる時間、食べる量、食べる物にも要注意です。もちろん、栄養バランスを考えすぎてストレスをためるのは逆効果ですが、いずれも心身の状態に影響を及ぼすもの。できる限り気を配り、整えていきましょう。

Action

食生活を規則正しくしていくことで、朝には体が軽く感じ、パフォーマンスが高まる。

- 就寝時間から逆算して、夕食の時間を決める。
- さらに、その時間に夕食が食べられるように、退勤時間を決める。
- その退勤時間に帰れるように、仕事の計画を立て、自分でできる仕事量を調節する。

家族で会話をしながら夕食を楽しむ

夕食は就寝2時間前に食べ終えるだけではなく、可能であれば**家族で夕食の時間を合わせて、会話を交えながら楽しみたいものです。**いろいろな都合で難しいこともあると思いますが、週や月単位でできる日を設定してみてはどうでしょう。

教師の仕事は、私にとってとても大切なものです。しかし、それ以上に家族は大切です。ライフワークバランスという言葉がありますが、持続可能な働き方をするためには必要な考え方です。私は、母子家庭で育ちましたが、その母も病気で亡くしました。当時は仕事に夢中で、離れて暮らしていたこともあって、年に数回しか会っていませんでした。「大切なものは失ってからわかる」と言われることがありますが、失ってからでは遅いのです。失う前に気づくべきなのです。

ぜひ、いるのが当たり前のようになってしまっている家族を大切にし、そして、食事を共に楽しみましょう。

POINT

自分の大切なものを大切にするために、時間術を身につけよう！

5 しっかりと湯船につかる

🏳 体をほぐして、心身共に最高な状態に

帰宅後、シャワーだけで済ませるのではなく、しっかりと湯船につかりましょう。そうすることで**心身をリラックスさせることができ、翌日のパフォーマンスを上げる**ことができます。調べてみると、インターネット上にもさまざまな入浴法が出てきます。私は、いろいろな入浴剤で色や香りを楽しみ、リラックスするようにしています。特に夏はクナイプというメーカーのミントの入った入浴剤がお気に入りなのですが、体がスッとして、とても気持ちがいいです。泡風呂になる入浴剤もありますし、入浴中、本を読んで楽しむ人もいるそうです。

また、入浴後は、ストレッチをします。さまざまなストレッチ法が紹介されているYouTubeが断然おすすめです。教師の仕事は、パソコン作業で肩や首に、また、立っている時間が長いので足に疲れがたまりやすいはずです。そこを重点的に、毎日5～10分ストレッチしています。ヨガも良いと思います。

Action

入浴時間の充実化で、心身の状態をベストにし、翌日もポジティブに過ごす。

- ☑入浴剤を使うことで視覚や嗅覚からもリラックス。
- ☑ストレッチで、疲れがたまらない体にする。
- ☑就寝１時間前に入浴できると、質の高い睡眠がとれるようになる。

心身の状態をベストにすることが大切な理由

なぜ、これほどまでに心身を良い状態に保つことを大切にしているのかというと、言うまでもなく、心身の状態が悪ければネガティブな感情に陥りやすいからです。

行動や発する言葉の源は感情です。うまくいかない時は、自分自身が否定されているのではなく、行動が違っていただけです。そして、その行動は感情に影響されています。「面倒だな」という気持ちから先延ばしにしたり、適当にやったりして、その結果、対応が遅れたり、雑にしたりして、相手を怒らせてしまうことがあります。そうではなく、ポジティブな面にフォーカスし、楽しめるような感情をもてたら、すぐに行動ができ、相手のことを考えた丁寧な作業ができます。

感情自体を変えることは難しいものです。だからこそ、**ポジティブな感情でいられるよう、体を自分のベストな状態にする工夫をしていく**のです。

POINT

スマホも、就寝1時間前から見ないようにして睡眠の質を高めよう！

6 夜のノートタイム

🄿 まずは自由に今の気持ちを書いてみる

ノートタイムで、頭と心のリセットです。ノートには、基本、何を書いてもいいですが、私の場合は、まず、今の感情や今日1日を振り返っての気持ちを書き出します。ここは、何も書けない日があってもいいです。なかなか言葉にできないことも多々ありますが、とにかく言葉にしてみるのです。

自分の中にネガティブな気持ちがあっても、まずそれを書き出して、**「そういう気持ちなんだね」**と自分の気持ちを素直に受け止めてあげましょう。絶対に自分を否定することなく、ジャッジすることもなく、**ただただ自分の気持ちを受け止めてあげる**のです。そうすることで、自分に優しくすることができ、ひいては人にも、子どもにも優しくすることができます。

心の中を書き出したら、あとは毎日同じ質問を自分にしていきます。

Action

今あるものに目を向けることで、心が穏やかでいられる。ちょっとした幸せを感じられる。

- まずは形式にこだわらず、感情を書き出す。
- その後は、「丁寧な感謝（３つ）」→「今日のグッド（３つ）」→「改善したいこと（1つ）」→「明日はどうする？」と自分に質問をする。
- 「明日はどうする？」で楽しく仮説を立ててみる。

その後、毎日同じ質問で書いてみよう

毎日同じ質問の一つ目は、「丁寧な感謝」です。「丁寧な」とあるのは、感情をきちんと込めて、具体的に書くことが大切だからです。人は誰しも不安や恐怖に押しつぶされそうになる時があります。しかし、不安を感じたままだとうまくいきません。そこで、感謝を書くのです。感謝と不安、恐怖は、真逆の感情です。感謝は、すでにあるものに目を向けていますが、不安、恐怖は、失うものに目を向けています。

不安と感謝は、同時に感じることはできないと言われています。つまり、**感謝に目を向ければ、不安を減らすことができる**のです。そのためにも、ささいなことで構いませんので、感謝できることを三つ書き出しましょう。その次に、「今日のグッド」として、良かったこと、できたこと、誰かの役に立てたことなどを三つ。「改善したいこと」を一つ。最後に、「明日はどうする？」として、それを改善するための作戦を書きます。

POINT

良かったことから書くことで、自分を否定することなく振り返ろう！

7 睡眠時間を確保し、絶対に削らない

睡眠時間の大切さ

ここまでのルーティンを終えて、21時30分に就寝することを目指していきましょう。そして、毎日、7時間以上の睡眠時間を確保したいものです。やはり睡眠時間が足りていない時は、子どもたちに注意する際にも無意識にイライラが入っているので、口調がきつくなってしまったり、じっくり子どもの話を聞かずに、強引に物事を進めてしまったりしてしまいます。強引に物事を進めると、後に遺恨を残すこともありますので要注意です。

睡眠不足の人は、じつは二日酔いの人と同じくらいの脳の状態だと言われています。また、日本人は世界の中でもずば抜けて睡眠時間が少ないのだそうです。私が子どもの頃は、24時間働けますかというようなフレーズが世間をにぎわしていましたが、当時はいかに長い時間働くかがキーワードになっていた気がします。しかし、今は睡眠の大切さ、働き方改革といった考え方がどんどん出てきています。

Action

エネルギーが高い状態で子どもたちと一緒に過ごせて、仕事がサクサクと進む。

- ☑ 睡眠時間確保の優先順位を上げる。
- ☑ 退勤する頃から、1日のリセットにフォーカスしていく。
- ☑ 睡眠時間がどうしても足りない時は、脳に言葉をかけることで、その日をしのぐ。

⑰ 睡眠時間がどうしても少なくなってしまう時は

睡眠を7時間とるように習慣づけてからは、それまで以上に、子どもたちの話を最後までじっくりと聞けたり、ゆとりをもって接したりすることができるようになりました。また、どんな作業でも、集中力が上がっているため、速くできたり、より良いものができたりしていると実感しています。

ただ、どうしても睡眠時間が不足してしまう時もあります。そんな時は、「今夜私に5時間の睡眠をあたえていただき、ありがとうございます。5時間は、私が疲れをとり、朝エネルギーに満ちた状態で起きるのにちょうどいい長さです。私の現実は私がつくります。私は、明日の朝エネルギーに満ちた状態で目覚め、ワクワクした状態で1日を始めます」などと唱えてから寝るようにすると、翌朝には元気よく起きられます。どうしても睡眠時間が不足してしまう事態があったら、ぜひ試してみてください。

POINT

睡眠の質を高めるために、子どもが下校後に軽いストレッチをしよう!

Chapter 7

ポジティブアクション！

プライベートタイムが充実するちょっとした習慣

1 土日は仕事以外のことで視野を広げる

仕事ばかりでは視野が狭くなる

学校と自宅の往復を繰り返す日々。毎日熱心に子どもたちや学校のことばかりを考え、教材研究をしたり、成績処理や残っている提案書類をつくったりする。若い頃は、そんな状態でした。もちろんこうした時期も必要だったと思っていますし、実際、その時はその時で充実していました。ただ、自分は熱心にやっていると思っているばかりで、視野がどんどん狭くなっているなぁと気づいたのです。

授業中、学習内容だけを話す教師と、いろいろな視点から話をする教師では、どちらが子どもたちにとって良い教師なのでしょうか。もちろん後者ですよね。そのためにも、**いろいろな経験をしている教師のほうが魅力的**であることに気づいたのです。そして、案外仕事以外のことをしている時にこそ、授業のネタを思いついたりします。

ぜひ、平日の夜に習い事をしてみたり、土日どこかに出かけたりと、積極的にさまざまな経験をしていきましょう。

Action

子どもの行動をさまざまな視点で考えることができるから、プラスに捉えることができる。

- ☑やってみたいことリストをつくってみる。
- ☑１か月前くらいから、やってみたいことをやるように予定に入れておく。
- ☑習い事をすると、半ば強制的にその時間は別のことができる。

興味の種を育てよう

まずは、土日に時間をつくって、ちょっとでも興味をもったものを、とりあえずやってみましょう。人は必ずしも、雷に打たれたように「これがやりたかったんだ！」とやりたいことが見つかるようにはできておらず、興味をもったものを少しずつやっていくことで、その気持ちが育っていくそうです。ちょっとでも興味をもったものに少しずつ時間をかけていくと、興味が情熱となり、真にやりたいことになっていきます。

「ちょっと興味あるなぁ」と思ったら、とにかくメモをして、**「やってみたいことリスト」**をつくっておきましょう。それを土日に取り組んでみると、その中から、興味の種が育ち、少しずつ熱量が上がり、情熱的に取り組めるものが見つかっていくのです。

私は、イラストに興味をもっていたので、早速オンライン講座で習ってみました。うまくは描けませんが、思った以上に夢中になっています。

POINT

何もやってみたいことが思い浮かばなかったら、睡眠不足ではないかなどと健康状態をチェックしよう！

2 基本の表情を笑顔にする

🏳 笑顔をつくれる幸せ

二〇一九年十一月、味噌汁を飲んでいる時でした。普通に飲んでいるはずの味噌汁が口の右側から垂れてきたのです。「あれ？」と思い、鏡を見てみると、顔の右半分が動きにくいのです。症状は徐々に悪化していき、右目、口の右側、頬もまったく動かなくなりました。病院に行くと、顔面神経麻痺という診断。1～2か月で元に戻りましたが、あの時はたいへんでした。口の右側が動かないので、食べにくい上に、うまく話せない。右目のまばたきができないので、ドライアイ状態。その状態での修学旅行の引率は、困難を極めました。なかでも一番つらかったのは、表情を変えられず、笑顔がつくれないこと。

表情で想いを伝えられないつらさ。この時はじめて、笑顔の大切さに気づきました。顔が動くようになった時、笑顔をつくれることがとても嬉しく、また、その大切さを実感しました。

Action

基本の表情を笑顔にすることで、心の状態も変わってくる。

- ☑笑顔は伝染する。そして、笑顔によって幸せホルモンが出て、温かい学級づくりへとつながっていく。
- ☑出勤前の鏡を見る時に、表情も整える。
- ☑学級みんなで笑った回数を数えて、増やしていく。

㉚ 笑顔は相手に安心感をあたえる最高の良薬

笑顔でいるだけで、相手に安心感をあたえることができます。笑顔は最高の良薬なのです。笑顔は、言葉以上に相手に伝わるものがあります。きっと、**教室で教師が笑顔でいるだけで救われる子がたくさんいる**ことでしょう。教室では、いろいろなことが起きます。笑顔でいるのが難しい状況も多々起きます。もちろん叱る時に笑顔でいるのはおかしな話です。ですから、基本を笑顔にしておく。それだけでいいのです。

笑顔でいると、教師自身も幸せな気持ちになります。心だけを変えることは難しいことですが、表情や行動を変えることで、心を変えられるのです。

「良い学級かどうかは、みんなで一緒に笑った回数で決まる」。そんな言葉を聞いたことがあります。笑顔はそれくらい大切です。朝出勤する時に、髪や服装を整えると同時に、表情も整えましょう。そのためにも、日頃からの意識化・習慣化が欠かせません。

POINT

使う言葉、姿勢、歩き方も、絶好調の時をイメージして行動してみよう！

3 読書を毎日する

今からでも遅くはない読書習慣

　じつは私、三十歳までは、一切本を読みませんでした。読書は大切だとわかってはいたものの、読み始めると眠くなってしまい、写真やイラストのところだけを見るような状態だったのです。そうした時、人生を変えてくれる本と出会いました。『夢をかなえるゾウ』（水野敬也、文響社）です。目からウロコの内容ばかりで感動しました。それ以降、読書は自分にとって欠かせないものとなりました。

　本を読むことで、新しい知識を得たり、視野を広げられたりして、行動の選択肢は確実に増えていきます。そして、未来の自分を創ってくれます。教師力を高めるためには、視野を広げ、さまざまな視点から物事が見られる力が必要です。読書をする習慣がない人は、1日に1ページでも5分でもいいので、読書習慣をスタートさせ、豊かな人生を創っていきましょう。私は、教育書と自己啓発などのビジネス書をよく読みます。

Action

1年前に課題だと思っていたことが、今では簡単にできるようになっている。

- その本をなぜ読もうとしているのかを明確にする。
- 気になるところに線を引き、付箋をつけておく。時間があったら書き出す。
- なぜ気になったのか、どう使ってみるのかを書き出し、自分事に置き換える。

⑰ 読んだ内容を行動に移してこそ、未来は変化

読んだ内容を自分のものにするには、自分事に置き換える必要があります。そのために、まずテーマを決め、自分がなぜその本を読もうとしているのかを探ってみましょう。「授業前のアイスブレイクができるようになりたい」「心をリフレッシュするため」など、簡単で構いません。次に、読んでいる最中や読み終わった後に、自分事に置き換える作業をします。教育書は多くの場合、そのままやってみることができるので、リスト をつくり、早速実践してみましょう。

ビジネス書や自己啓発本は、ただ読むだけではなく、読んで、それをどう自分が使うのかを考える必要があります。気になった箇所を書き出して、その右側に、この時に、こう使ってみようと**自分でカスタマイズしながら具体的に行動をメモすることで、読んだ内容を自分のものにする**ことができます。

POINT

気になった箇所があったら、なぜ気になったのかを書いて、自分自身を知ろう!

4 セミナーに月1回ペースで参加する

Ⓟ セミナーに参加してみよう

私はラッキーなことに、教師1年目の頃、当時の教務担当が月に1回セミナーに連れていってくれました。当時の教務担当には、感謝の気持ちしかありません。そのセミナーのある回で、土作彰先生という奈良で教鞭を執られている方が講師として来ていました。衝撃を受けました。終始笑いがあり、その笑いの中にも、深い深い教育の哲学がある。こんな先生がいるのだと感動し、それ以降、土作先生のセミナーを自分で探しては行くようになりました。

さらに、本で読んで感銘を受けた著者のセミナーにも行くようになりました。今では、教師ではない一般向けのセミナーに参加して、会社経営をされている人やフリーランスの人と一緒にチームビルディングや脳科学、行動心理学などを学んでいます。セミナーで共に学ぶ仲間もできてとても楽しいです。

Action

セミナー講師からのインプットで視野がぐっと広がり、さらに熱量も受け取れて、行動力がアップする。

- ☑学びは未来への投資。経験や知識にお金を使ってみる。
- ☑気に入った本の著者セミナーに参加してみる。
- ☑教師向けではないセミナーで、さまざまな職種の人と話をすると、視野がグッと広がる。

⑰ セミナー受講が現実逃避で終わらないために

セミナーを受けたら、現実の自分の行動を変えるところまで必ずつなげていきましょう。7―3（174ページ）の読書の項目でも述べましたが、学んだことを、「今の自分だったらどうするか」と**自分事に置き換え、行動に移せるように書き出して即行動**が必須です。ただ、行動しても思うようにならないことのほうが多いのが現実です。それは、講師と自分の状況やキャラクターが違うからです。そうした時は、振り返って、改善点を見つければいいだけです。くれぐれも、講師の話した通りの結果にならないことを、子どもたちなど周りの人のせいにしないようにしましょう。

幸い、教師という仕事は、学びを実践しやすい環境にあります。何かやろうと言うと、子どもたちはノリがいいので、すぐに取り組んでくれます。そして、うまくいかなくても、**教師が新しいことに挑戦しているという姿を見せる**ことができます。

POINT

セミナー講師が普段何を大切にしているのか（価値観）も話を聞きながら想像してみよう！

5 「しなければならない」を「やってみるか！」に

思い込みを変えると見える世界が変わる

今、自分が見えている世界は、じつは自分の思い込みだらけなのです。人は、同じものを見ても、ワクワクした気持ちになる人と、そうでない人がいます。例えば、カマキリを見て、怖いと思う人もいれば、捕まえたいと思う人もいます。因みに、私のおじさんは畑仕事をしているため、カマキリを見つけると、いろいろな虫を退治してくれる、うちの畑の立派な従業員だと思うそうです。日常生活においても、ちょっと億劫に感じることがあった時に、「うわ～！　嫌だなぁ」と思うか、「よし、チャンスだ！」と思うかによって、その後の対応・結果は全然違うものになります。

思い込みを変えると、出来事が同じでも、捉え方が変わってきます。出来事だけではなく、過去ですら捉え方次第で変えることができます。その思い込みの中でも、特に厄介なのが「しなければならない」という思い込みです。これが多いと、苦しむことになります。

Action

起きた出来事を前向きに受け取り、心の元気さを失わずに過ごせる。

- ☑本当にそれをする必要があるのか、目的に立ち返って、「なぜやるのか」を書いてみる。
- ☑やる必要があるものなら、「やってみよう」マインドで楽しむと決める。
- ☑子どもたちに「させなければならない」も禁句。

その「しなければならない」は本当に必要か

学校現場では、「しなければならない」が非常に多いです。そして、教師としての経験が増えるほど、「しなければならない」「させなければならない」も増えて、子どもたちにイライラをぶつけたり、学校の仕事を楽しめなくなったりしているように感じます。

しかし、世の中に「しなければならない」ことは、そんなにたくさんあるのでしょうか。「しなければならない」「させなければならない」で、自分や子どもたちを苦しめることをやめましょう。

本当に「しなければならない」ことはごくわずかです。今すぐ子どもたちに「させなければならない」こともほとんどありません。なぜなら、人生一〇〇年時代。小学生の六～十二歳の時に、すべて完璧にやらせなくても大丈夫です。**「しなければならない」が頭に出てきたら、「ちょっと待てよ！」のサイン**です。

POINT

花が咲いているのを見て、きれいだなと思うくらいの余裕をもとう！

6 反対意見に興味をもつ

Ⓟ 反対意見は自分自身が否定されたわけではない

私は、以前、自分の意見を否定されると、すごくイライラし、言った相手にムカッとくることがありました。自分の意見が否定されると、自分自身が否定されたように感じ、ダメージを受けます。そのダメージを少しでも軽減するために、反抗してみたり、ふてくされたりして、「そんなことはない」と頑なに自分を守ろうとしていました。

しかし、本当は、自分自身を否定されたわけではなかったのです。単純に、自分とは見えている世界が違っただけで、相手は自分とは違う世界から見たことを言っているだけだったのです。それに気がついてからは、相手にはどのような世界が見えているのだろうと考えながら聞くことができ、どれだけ言われても、腹が立たなくなりました。むしろ、そういう見方もあるのだなと、見える世界を広げてくれたことに感謝できるようになりました。

Action

反対意見も前向きに受け取り、より自分自身を成長させることができる。

- 反対意見から相手が見ている世界を想像してみる。
- 他の人に影響なく、自分でコントロール可能な範囲なら、その意見を採用するかどうかを自分で決める。
- 自分の考えがなくなると、仕事がつまらなくなるので、要注意。

🏳 反対意見のトリセツ

教師は組織で働く仕事なので、自分とは違う考え方が元になっていてもやるしかないことは多々あります。その時は、潔くやりましょう。ただし、自分でコントロール可能な範囲ならば、話は別です。**相手の意見を採用するかどうかは自分で決められます。**自分がこだわりをもっていないことならば、相手の言う通りにしてみて、うまくいかなければ、相手のせいにするくらいの気持ちもありだと思います。

自分がこだわっているところなら、意見に関係なく、とことんこだわるのもありです。意見を言ってくれた人にもよりますが、その人の見ている世界がいいなと思うなら、少々疑問に思っても、思い切ってやってみましょう。逆に、その人の見ている世界にまったく憧れを感じなければ、笑顔でスルーでもいいと思います。それくらいの気持ちでないと、自分のやりたかったことがどんどん消えてしまいます。

POINT

反対意見に興味をもって、相手が見えている世界を想像しながら、自分の視野を広げよう！

7 今の習慣を見直し、改善する機会をつくる

習慣化でスタンダードを上げ続ける

1日だけ理想の自分でいることは、その気になればできます。しかし、それでは人生は変化しません。スタンダードの自分を良くしていく。それこそが、人生に変化を生み出すのです。スタンダードとは、自分が当たり前にできることです。**教師としての自分のスタンダードが変われば、学級のスタンダードも変わります。**

スタンダードを変えるには、習慣を変えることです。習慣には完成形がありませんし、年齢によっても、その時のビジョンによっても変化します。今の習慣を見直し、少しずつ改善を加えながら、新たなものに変えていくのです。

今にぴったりな習慣を創り出し、その習慣を行うことで、自分の心を安定させることができれば、人はどんどん進化していくことができます。まずは、春、夏、冬の長期休暇にビジョンと身につけたい習慣を書き出し、見直しをしていきましょう。

Action

毎日少しずつ改善をすることで、1年後には別次元にいるようになる。

- 長期休暇にたっぷり時間をとって、今の習慣を見直す。
- 習慣の見直しは、自分の時間の使い方を一度じっくり書き出してから行う。
- なぜその習慣をやるのか、目的を明確にしておく。

⑰ なぜ、その習慣をもっているのか

習慣を身につける時にもっとも大切なのが、目的を明確にもち続けることです。例えば、なぜ朝早く起きようとしているのか。習慣化されると、目的を忘れてしまうことがあるので、ワクワクしながらやっていたことも、いつの間にか嫌々やっている状態になることがあります。

習慣の見直しの際には、「なぜその習慣に取り組むのか」と、目的も見直しましょう。きっとどんな習慣も、大きくまとめると何かしらのハッピーを得たいという動機からスタートしています。**習慣化はハッピーへの手段**なのです。

私は、自分がハッピーであることが、教師として一番大切なことだと思っています。小学校の仕事には、楽しいと感じることができなくなる時もあります。そうした中でも、**習慣を見直し、トライ&エラーを繰り返し、必ず最後はハッピーエンドというマインド**で毎日を過ごしていきましょう。

POINT

今の習慣を見直し、新たな習慣付けで、自分の未来にワクワクしよう！

おわりに

「大人になるって嫌だな。働かなきゃいけないし、なんだか面倒なことばっかりだもん」「学校の先生って、たいへんそうだから絶対になりたくない」という声を子どもたちから聞いたことがあります。それはまさに、ハッとさせられた瞬間でした。私の教師としての姿が、そうした子どもたちの考えに影響してしまっているのではないかとつくづく考えさせられたのです。それは、私の目指す姿・教育ではありませんし、子どもたちに見せたい未来でもありません。

子どもたちには、今も、そして未来も、常にハッピーでいてほしいと心から願っています。子どもたちがハッピーなら、その親や家族もハッピーになります。親や家族もハッピーなら、その親や家族の働く会社やお客さんもハッピーになります。そうして次々と世の中にハッピーを広げていくことができるのです。もちろんそうなれば、私たち学校で働く教師たちもハッピーです。そんな思いを実現するためにも、「先生って、いつも楽しそうだね」「大人になるってワクワクするな」と、子どもたちが心底実感できるような姿を見せていかなければなりません。教師自身がとことん楽しんで働いていることが、小学校教師として何よりも大切なことだと確信しています。

そのためにも、本書で紹介した「習慣」について、一度考えてみる必要があるのです。今の自分がなにげなくやっている行動、なにげなく話している言葉、ふと頭の中に浮かんでくる自分への問いや考え……。どうでしょう。今のままで、思い描く未来につながりそうでしょうか。もしも、Ｎｏであるならば、一つずつ改善していきましょう。まずは無理せず、できそうなところからチャレンジです。そうやって習慣を積み重ね、小学校教師という職業を楽しんでいっていただきたいのです。最初は小さな一歩でも、少しずつ前進していき、必ずや素敵な未来への道が築かれていくはずです。

本書を、ここまで読んでいただき、ありがとうございました。私自身がやってみようと言ったことを、楽しそうに実践してくれた学級の子どもたち。うまくいかなかったり、私が一人勝手にやったりしていたことを温かく見守ってくれた同僚の先生方。習慣をはじめ、さまざまな最新の行動心理学の研究や、本を書きたいという私の願いの第一歩となる言葉をくださった池田貴将氏。私がやってみたいと思ったことを理解し、実現できるようにと部屋を整えてくれたり応援してくれたりした妻。感謝の思いは尽きません。

最後に、突然メールで送った原稿を読んでくださり、出版までさせてくださった学陽書房の皆様方に、この場を借りて感謝を申し上げます。

読者の先生方。さあ、自分の望む未来に向けて、今日も行動を積み重ねていきましょう。私たちは、それができる力をもっています！

二〇二三年三月

山本正和

著者紹介

山本正和（やまもと　まさかず）

1982 年生まれ。2004 年横浜国立大学卒業。
愛知県公立小学校勤務 19 年目。2023 年に一児の父となる。いまいち学級経営がうまくいかない若手時代から一念発起し、自称「ハッピークラスクリエイター」になることを決意。日々の学級づくりのための奮闘努力はもちろんのこと、さまざまなセミナーや書籍などを通して研鑽を重ね、その中で、子どもたちがハッピーでいるためには、なによりもまず自分がハッピーでいることが大切であることに確信を得る。そのための環境づくりや脳科学、行動心理学を探究しながら、毎日の教育実践を積み上げていくことに邁進中！

学級づくりがうまくいく！
教師1年目からのちょっとした習慣

2023年 4月 12日　初版発行

著　　者　山本正和《やまもとまさかず》

ブックデザイン　スタジオダンク
イラスト　村山宇希
発 行 者　佐久間重嘉
発 行 所　株式会社 学陽書房
東京都千代田区飯田橋1-9-3　〒102-0072
営業部　TEL03-3261-1111　FAX03-5211-3300
編集部　TEL03-3261-1112　FAX03-5211-3301
http://www.gakuyo.co.jp/
DTP制作　越海編集デザイン
印刷・製本　三省堂印刷

ISBN978-4-313-65475-4　C0037
JASRAC　出 2301622-301